1886

L'Affaire Jules Watrin

Du même auteur
chez le même éditeur

Les paupières de Lou
Une pieuvre dans la tête
La vie n'est pas une punition
Bouche d'ombre
À trop courber l'échine
Du bruit sous le silence
On y va tout droit
Mourir n'est peut-être pas la pire des choses
Loin des humains
Un drap sur le Kilimandjaro
Les hommes sont courageux
Cruelles natures
Tu ne verras plus
L'appel de l'huître
Les derniers jours d'un homme
Le bal des frelons
Maintenant le mal est fait
Le chemin s'arrêtera là
Un homme doit mourir
L'horizon qui nous manque
Un Colosse
L'envers de la girafe

(suite en fin d'ouvrage)

Pascal Dessaint

1886

L'Affaire Jules Watrin

Préface de François Guérif

Rivages

Retrouvez l'ensemble des parutions
des Éditions Payot & Rivages sur

editions-rivages.fr

Un documentaire de Philippe Courtin,
1886. Retour sur les lieux du crime est disponible
sur la chaîne YouTube des éditions Rivages

© Éditions Payot & Rivages, Paris, 2023
© Éditions Payot & Rivages, Paris, 2025
pour l'édition de poche

Pour William

Pour William

Vêtus de toile mince, ils grelottaient de froid, sans se hâter davantage, débandés le long de la route, avec un piétinement de troupeau.
                              Émile Zola/Germinal

LA FAUTE À ZOLA

C'est une image violente de défenestration, issue d'un vieux numéro de *L'Illustration*, qui est à l'origine du nouveau livre de Pascal Dessaint, *1886*. "Une image qui, comme auteur de romans noirs, ne pouvait que me passionner : une scène de crime, le meurtre de Jules Watrin." *1886* va donc avoir la couleur du noir, ce que confirment très vite les titres des chapitres : "Le sang a coulé, c'est sûr !", "À mort Watrin !", "Un bras de fer", "Ça barde !", "Le feu aux poudres", "Le feu couve encore", "Une rage intacte", "Accusés, levez-vous !", "Au plus près du meurtre", "Des brigands"…

Pascal Dessaint est auteur de romans noirs, et il sait que c'est le genre littéraire qui a toujours reflété le mieux la société. Chez lui, on parle de "bouche d'ombre", de "cruelles natures", de catastrophes sociales et écologiques, de "bruit sous le silence", de solitude, d'un "horizon qui nous manque", et aussi du désir d'aller "vers la beauté toujours". Et, de plus en plus présent, il y a le passé. Car Pascal Dessaint est autant historien que romancier. Il ne met jamais en avant son DEA d'Histoire, mais l'Histoire (avec un grand H), il la connaît. Il sait collecter les faits, les interpréter, mener une enquête rigoureuse et recréer une époque dans toute sa complexité. Après *Un colosse*, *Vaucelles 1917*, voici un flamboyant *1886* sur l'affaire Jules Watrin qui, nous dit-il, "a marqué durablement les esprits". Et cette affaire, l'auteur nous la fait vivre passionnément dans une écriture quasi cinématographique. Avec des flash-back, des flash-forward, des panoramiques qui font penser à des mouvements de grue quand la situation prend de l'ampleur, des plans plus intimes quand le décor s'étrécit ou glisse dans la pénombre. Ce qui donne l'impression au lecteur d'être partout à la fois : dans la noirceur profonde des tunnels de la mine, dans le confort bourgeois des bureaux de "la Compagnie", au bistrot avec les ouvriers, dans les trains avec les députés d'une République incertaine, dans les prétoires où s'affrontent les avocats, dans le chahut d'une séance à la Chambre, dans les affrontements entre les délégués syndicaux, dans l'intimité de la douleur d'une famille, dans la conscience martyrisée d'un maire irréprochable, dans la tête des accusés, dans les hésitations des témoins... Les événements se chevauchent et sont multiples. De leur confrontation jaillit la lumière. Pas besoin d'explication scolaire. Avec Pascal

Dessaint, l'Histoire est vivante, je dirais même vibrante, et toujours prête à se renouveler comme le rappelle fort à propos le prologue où, en 2015, soit près de cent trente ans après, deux cadres ont eu leur chemise arrachée par des syndicalistes en colère.

Oui, *1886* parle d'aujourd'hui. L'affaire Jules Watrin n'est pas qu'une affaire de spécialistes, morte et enterrée. *1886* ne cesse de rappeler, à juste titre, que ce sont toujours les mêmes déshérités qui subissent et que la colère sociale gronde toujours. Cette colère traversait déjà *Germinal*. "La faute à Zola"?

François GUÉRIF

2015

Dans le reportage, nous découvrons deux hommes bien habillés, leurs visages marqués par une forte tension. Pour l'instant, ils ne se distinguent pas franchement au milieu de la cohue. Leur identité nous importe peu, comme les vêtements qu'ils portent encore. Leur sort, à vrai dire, ne nous intéresse pas pour notre histoire, pas directement.

Où sont-ils ? À ce moment-là, dans une vaste salle d'un bâtiment situé sur une zone aéroportuaire. L'agitation est sensible à l'intérieur comme à l'extérieur. Malgré les policiers en nombre, des salariés furieux cherchent à forcer un portail. Cela fait beaucoup de bruit. Ce portail secoué avec vigueur, et puis des cris, et peut-être déjà des insultes, des menaces.

Nous ignorons si les deux hommes sont effrayés, en particulier le directeur des ressources humaines. Ils doivent penser que ce pays est civilisé et que rien de très grave ne pourra alors survenir.

D'ailleurs, des CRS, quoique légèrement équipés, et certains salariés, plus calmes, sont là pour veiller sur eux. Sont-ils assez nombreux ?

Le DRH est sans doute, lui-même, une victime, mais il faut bien que la colère retombe sur quelqu'un. C'est, à croire, dans la logique de tout mouvement social. À ce poste, il est payé pour ça, n'est-ce pas ?

Si les deux hommes n'avaient pas encore peur, il doit en être autrement, maintenant que la séance est soudain interrompue.

Le portail a cédé. Les manifestants se sont dirigés vers le bâtiment et, malgré tous ceux qui le protègent, ont pénétré à l'intérieur même du siège de l'entreprise. La situation s'envenime. Dans la bousculade, un syndicaliste désigne les deux cadres, sans hargne excessive :

« Ils sont juste là… »

Cette réunion avait pour but d'étudier un plan de restructuration. La direction a confirmé la suppression de près de 3 000 postes sur deux ans.

LE MEURTRE

*Chaque sape est un trou
dont un homme est ver*

Victor Hugo/Aubin (poème)

Chapitre I

LE SANG A COULÉ, C'EST SÛR !

Est-ce le signe d'une époque incertaine, d'une république fragile ? Le Pont-Neuf s'est affaissé, menace de s'écrouler. Une pile s'est coupée à la base. Sa partie amont s'est inclinée et déversée du côté de l'île de la Cité. Des ingénieurs étudient les lézardes dans les voûtes. Un scaphandrier descend dans la Seine pour sonder la pile : le pied s'est déchaussé. Cela augure un chantier long et délicat. Le Pont-Neuf est malade !

Les Républicains l'ont emporté en 1879. Un vent de liberté a soufflé. Liberté de réunion. Liberté de la presse. Et en même temps une certaine agitation reprenait. Quand on espère, on peut être impatient... Grève à Anzin. Grève à Denain. Grève à Montceau-les-Mines. Le peuple ouvrier est en colère. Il y a eu des discussions houleuses à la Chambre des députés. En ont émané les cahiers de doléances des mineurs français. Mais de quoi se plaignent-ils, les ouvriers ? N'ont-ils pas désormais le droit de se concerter, de faire grève ? Malgré la crise, les patrons généreux ne leur donnent-ils pas du travail ? *Le Gaulois*, journal réactionnaire, a parlé de manipulation, *de 18 000 Jacques enrégimentés dans les bassins houillers par les collectivistes, d'une invasion nihiliste...* En cette époque, les journalistes ont l'art de dire.

Le peuple ouvrier souffre. Elle n'est pas si loin la catastrophe de Chancelade, en Périgord, ces éboulements meurtriers dans les carrières. Même en Belgique, les grévistes incendieront bientôt leur usine : les verreries de Roux. La colère explose partout.

Le 16 janvier 1886, il a neigé à Paris. Il fait un froid de loup. La France a de nouveaux députés, dont Jaurès. Un préfet est assassiné dans l'Eure, son cadavre retrouvé sur un pont ferroviaire. Le général Boulanger est ministre de la Guerre. La France s'aventure au Congo. La France est républicaine, certes, mais expansionniste, de tradition. Pourtant le Pont-Neuf s'affaisse. La France a grondé de la colère des ouvriers, et gronde encore.

En cet hiver glacial, le musée Grévin vient de mettre en scène, avec un réalisme saisissant, le deuxième tableau de *Germinal,* drame de messieurs Émile Zola et William Busnach, interdit par la censure. Pour plus de vérité, des blocs de charbon et des étais ont été rapportés des puits d'Anzin même.

Une galerie, noire et profonde. Par une large crevasse, une lueur rougeâtre. Un cadavre est étendu sur le sol, le crâne écrasé. À côté de lui, un bloc de charbon ensanglanté. Chassés par les eaux, Étienne, Chavannes et Catherine se sont réfugiés dans cette galerie sans issue. Étienne a défendu Catherine. Dans un accès de rage, malgré l'épuisement et l'air qui commence à manquer, il a tué son rival.

Le spectateur est subjugué. On dirait que la galerie s'étend à perte de vue. Les parois suintent. Grâce à un trompe-l'œil ingénieux, de la vraie eau semble monter. Des lampes de mineur, accrochées aux étais, éclairent les personnages.

Chavannes est bien mort. Étienne serre Catherine contre sa poitrine. Il n'y a pas si longtemps, Étienne haranguait ses camarades, la nuit dans une clairière : « *Oui ! le travail demanderait des comptes au capital, à ce dieu impersonnel, inconnu de l'ouvrier, accroupi quelque part, dans le mystère de son tabernacle, d'où il suçait la vie des meurt-la-faim qui le nourrissait ! On irait là-bas, on finirait bien par lui voir sa face aux clartés des incendies, on le noierait sous le sang, ce pourceau immonde, cette idole monstrueuse, gorgée de chair humaine !* »

Troublante coïncidence. C'est une autre grève qui soudain éclate dans le Sud. N'est-ce pas plutôt une émeute ? Un drame atroce et sauvage ? N'était-ce pas prévisible, cette violence, récurrente, dans cette époque socialement agitée, où il n'y a jamais d'espoir pour les pauvres, où tout est à construire, et par quoi commencer ? Faudra-t-il toujours, d'abord, faire couler le sang ?

Dans son édition du soir du mercredi 27 janvier 1886, *L'Aveyron républicain* craint de révéler les faits qui viennent de lui être rapportés, et choisit la prudence. Deux cents ouvriers se seraient mis en grève à la mine de Palayret. Des désordres d'une grande gravité se seraient produits…

On a battu *la générale* dans les rues de Rodez. Trois compagnies du 81e de ligne, le commandant de gendarmerie et une brigade sont partis par train spécial à destination de Decazeville. Le sang a coulé, c'est sûr.

Chapitre II

AVANT LA CHUTE

Une pleine double page. Il faut tourner le lourd volume pour observer la gravure dans le bon sens.

Une bâtisse d'un étage (pas tout entière) avec un toit en tuiles. Les encadrements de portes et de fenêtres sont en pierres de taille, le reste de la façade en moellons grossiers. Cette façade est sombre, comme l'ensemble de l'image d'ailleurs, à tel point qu'à certains endroits les personnages se distinguent mal. La lumière aux fenêtres paraît d'autant plus vive.

Une foule s'est agglutinée comme une armée enragée au pied d'une muraille.

Nous comptons trente et une personnes en bas. Toutes nous tournent le dos car elles regardent vers les fenêtres. Elles sont sûrement plus nombreuses hors cadre. Au milieu d'elles se trouve un objet insolite : une meule à aiguiser les couteaux. Nous ne voyons pas les visages sinon parfois de profil. Des bouches grandes ouvertes indiquent que l'on crie, hurle. Seule une femme (au bord à gauche) regarde vers nous ou plutôt vers l'extérieur de l'image, une main levée.

Ce sont des mineurs, pour la plupart. En chapeaux, casquettes ou fichus, tous ou presque chaussés de sabots, en jupes ou en pantalons. On ne dirait pas qu'il fait froid. Un homme tient sa veste à l'épaule. Le sol luit comme s'il gelait pourtant, les silhouettes s'y reflètent. Un autre détail : une femme, au centre et comme détachée du groupe, tient un objet, un simple bâton ou un outil dont on ne voit que le long manche. Une autre femme brandit un poing. Une autre encore s'apprête à lancer un gros caillou ou un morceau de charbon. Il y a beaucoup de femmes. Quatorze sur trente-sept assaillants en tout.

Un événement grave se déroule à l'étage. À la vérité, il s'achève.

À la fenêtre de gauche, un homme se penche, un bras tendu, le poing serré, vers le personnage qui se retient désespérément au châssis de la fenêtre de droite. Une échelle est dressée sous cette fenêtre et un autre homme en chapeau a monté les premiers barreaux, brandissant une sorte d'arme.

À la fenêtre de droite, les protagonistes sont plus nombreux. Une scène dans la scène. Le personnage, qui s'accroche, qui est pris au collet, ne veut pas tomber, mais il tombera. Qui est-il ? Un pourceau immonde ? Les agresseurs au-dessus de lui sont au nombre de six. Celui qui tient la victime à la gorge, un qui brandit un objet contondant, et quatre, à l'arrière-plan, qui aimeraient bien y voir quelque chose. La victime tombera d'autant plus rapidement que quelqu'un, depuis le bas, a attrapé sa jambe à deux mains et la tire vers lui.

La victime est le seul personnage dont nous voyons très bien le visage. Sa jambe libre est pliée contre la façade. Il se tient des deux mains au châssis mais tout le reste de son corps se tend dans l'autre sens, pour éviter le coup qu'on veut lui porter. Sa tête est inclinée, et nue. On lui voit le blanc des yeux. Il est terrorisé.

Nous comprenons que tous, en haut comme en bas, sont remplis d'une rage sanguinaire.

D'après un croquis de M. Clair-Guyot, envoyé spécial de L'Illustration. *6 février 1886.*

Chapitre III

À MORT WATRIN !

La journée sera longue pour tout le monde, et la dernière pour l'un d'entre eux : Jules Watrin, sous-directeur de la Compagnie des Houillères & Fonderies de l'Aveyron. Watrin l'aurait bien cherché. Il n'aurait mérité que cela. Il aurait dit qu'il préférait mourir plutôt que de céder.

Dimanche déjà, des ouvriers de la mine de Palayret s'étaient indignés, découvrant le montant de leur salaire pour leur travail du mois précédent. Le surlendemain, six heures du matin, ils se mettent en grève. Ils sont deux cents. Ils se rendent à Combes, à Lavaysse, à Bourran, à Firmy. Un très long périple à pied, de mine à mine. Il fait froid. Les sabots claquent sur les chemins. Au fur et à mesure, leur nombre croît. On ne peut éviter des heurts. À Bourran, un maître mineur est frappé.

Les mineurs marchent résolument sur Decazeville, où ils font cesser le travail à la forge. Ils sont maintenant quatre cents.

Des habitants de la ville se joignent aux grévistes. Déjà des injures, des vociférations. Ils cherchent Watrin. Watrin ! Il n'est pas dans la ville même. Tout le monde se dirige alors vers *le plateau*, l'usine tout près, dont la structure immense se découpe sur le paysage sale, qui est comme un démon brutal, disposé à les avaler, et d'ailleurs souvent il les avale.

Une heure de l'après-midi. Jules Watrin vient de traverser la forge et s'en retourne vers les locaux de la Compagnie. Un groupe de mineurs, sept ou huit, suivis de jeunes gens et de femmes, se précipite vers lui. Watrin gagne malgré tout son bureau. On le suit. Il doit finir une lettre urgente. Il demande qu'on veuille bien lui donner une minute.

« Enlevez-le ! », crie quelqu'un.

On saisit le dossier de sa chaise. On l'oblige à se lever.

Les mineurs le poussent dehors. Ils l'escortent. Ils traversent la route et montent le petit chemin qui conduit à la place Decazes et à la mairie. Ils sont engloutis par la foule hargneuse.

La colère s'est propagée comme le grisou. Watrin garde la tête haute. À un moment, deux ingénieurs adjoints, accourus des mines de Bourran et de Combes, Verzat et Chabaud, le rejoignent. Blazy, ingénieur en chef, bras droit de Watrin, est-il accouru aussi ? Ils atteignent la mairie, modeste bâtisse à l'arrière d'une cour pavée. Cayrade, le maire, vient à la rescousse.

« On veut le faire échapper ! crie la foule. Nous voulons le garder ! Nous le tenons !
– À mort ! À mort Watrin ! »

Cayrade en appelle au calme. Il demande aux mineurs de désigner dix délégués afin d'exposer les plaintes et desiderata. Soit !

Avec Cayrade, sont arrivés un commissaire de police, des conseillers municipaux et, surtout, deux gendarmes à qui le maire demande de se retirer.

« Je crois pouvoir répondre de la tranquillité », dit-il.

Quatorze heures. Les délégués, dont Blanc, secrétaire de la chambre syndicale des ouvriers mineurs, se sont réunis dans un café. Leurs exigences tiennent en six points. 1 : La journée de travail à 5 francs pour les mineurs, boiseurs et piqueurs, 3 francs 75 pour les manœuvres. 2 : La journée de travail réduite à 8 heures pour cause des mauvais airs et feux de la mine. 3 : Les délégués de la grève actuelle ne seront en aucun cas victimes auprès de l'administration pour les revendications qu'ils demandent pour les travailleurs. 4 : Les grévistes du 29 mars 1878 seront réintégrés dans leur travail. 5 : Le travail des ouvriers sera payé toutes les quinzaines. 6 : Le sous-directeur signera sur son honneur et conscience son départ immédiat.

Pour Watrin, c'est inconcevable. Il déclare cependant qu'il accepte la première proposition. Pour les autres, il lui faudra en référer en haut lieu. Il avisera l'administration.

« La réponse arrivera dans vingt-quatre heures, promet-il. Attendez au moins ce délai avant de vous mettre en grève !

– Vous signerez votre démission ! lui crie-t-on en retour. Notre patience est à bout !

– Attendez demain, martèle Watrin. Vous porterez vos plaintes à monsieur l'administrateur délégué.

– Nous voulons satisfaction de suite. Et nous entendons ne pas vous lâcher d'un instant !

– Mais ne comprenez-vous pas que vous mettez ainsi la mine en péril ? »

Sur ce point, Watrin n'a pas tort. Les puits et les galeries de Decazeville exigent une surveillance de tous les instants. À une époque, le feu s'est déclaré dans certains gisements, et il poursuit son œuvre de combustion dans les couches profondes. Il s'échappe par les fentes des rochers. La chaleur est telle que des fumées blanches enveloppent les collines, parfois léchées par une langue de flamme. C'est beau, et dangereux. Il faut garantir les galeries en exploitation de l'invasion du feu. On a monté des barrages, formés de planches épaisses recouvertes de glaise. On ne peut relâcher la surveillance. La chaleur arrive à faire fendre la glaise. On doit reboucher immédiatement. Autrement le feu agirait avec le tirage d'une cheminée.

Quinze heures. Laur, Joseph, ingénieur en chef des mines de l'État, arrive à la mairie. Il dira dans son rapport que la réunion était alors très calme. Il a mission du préfet Dumesnil, qui le matin a reçu une dépêche de Watrin le prévenant du désordre, d'apprécier la situation et de lui en rendre compte par télégramme dans la soirée. Aussitôt, il intervient dans les débats :

« Je suis ici au nom du gouvernement qui veut votre bien. Justice vous sera faite. »

Les délégués exposent leurs griefs. Ils se plaignent du mauvais entretien et du manque de sécurité. Qu'à cela ne tienne ! Il est décidé qu'on ira à Bourran et aux autres mines afin de juger du bien-fondé de ces plaintes. Watrin insiste pour en être. Il a un sens aigu de son devoir, ou il est complètement inconscient. Laur est d'avis qu'il ne devrait pas s'y rendre. Cayrade lui conseille :

« Surtout, ne le quittez pas un seul instant ! »

Tout le monde évacue bientôt la mairie. Blazy est-il avec eux ? Pas sûr.

Le nombre fait la force, mais en face ils sont maintenant près de deux mille…

« À mort ! Au bassin ! »

Huées et vociférations redoublent. Des projectiles sont lancés. Watrin se retourne et reçoit de la boue en plein visage.

« Au bassin ! À bas le Prussien ! »

On avance péniblement vers le plateau. Cayrade glisse à Laur :

« N'allez pas à Bourran, vous y seriez assassiné ! »

L'excitation est croissante et Laur croit devoir faire un détour qui les conduit à des bâtiments entourés d'une palissade.

Watrin et tous ceux qui le protègent sont bousculés, chahutés, piétinés. Ils parviennent néanmoins à franchir le portail, que Laur referme derrière eux, et que la foule aussitôt défonce. Des grévistes ont fait le tour de la palissade, trouvé d'autres passages. Un véritable torrent humain se déverse.

« À mort Watrin ! »

Le bâtiment le plus proche est une vieille bâtisse en pierres, avec un toit de tuiles, qui contient les anciens bureaux de la direction. Laur y fait pénétrer Watrin, Verzat et Chabaud. Lui reste en bas pour défendre l'entrée.

« À mort Watrin ! »

Laur est avec Cayrade, ceint d'une écharpe officielle, plusieurs conseillers municipaux, Bos, Chauveau, Frayssinet et Nègre, le commissaire de police et le sergent de ville Cantaloube. Blazy se bat-il alors avec eux pour défendre son supérieur ? Pas sûr du tout. On dira que Blazy a échappé à une poursuite. On dira qu'il s'est caché dans un wagon, qu'il a ainsi sauvé sa peau.

Pendant une demi-heure encore, au prix d'efforts surhumains, ils réussissent à contenir les assaillants. Les appels à la raison restent vains. Les forces, peu à peu, faiblissent.

Watrin, Verzat et Chabaud se sont réfugiés à l'étage, dans un bureau vide. Ils s'aperçoivent que la porte ne ferme pas à clé et passent dans la pièce à côté. Chabaud s'arc-boute contre la porte. Watrin et Verzat se tiennent près de la cheminée.

Le piège s'est refermé. Dehors, la situation évolue vite. Une échelle est dressée contre la façade. Des hommes déterminés pénètrent ainsi dans une pièce vide, passent dans le couloir et se ruent dans le bureau où ils pensent trouver Watrin, mais il n'y est pas. Ils passent alors à la pièce suivante, dont ils défoncent le bas de la porte à coups de sabots. Watrin ordonne alors à Chabaud d'ouvrir et s'avance au-devant des assaillants.

Le mineur, qui aussitôt lui porte un coup à la tête, est un homme de grande taille, d'aspect nerveux et très excité. Il a frappé Watrin avec une embarre, une lourde pièce de bois dont les mineurs se servent pour enrayer les wagons. Le sang coule aussitôt. Étourdi, Watrin porte une main à sa blessure. Il chancelle et s'écroule, tandis que son agresseur abat son arme sur Chabaud, sans lui faire trop de mal, puis la lance à tour de bras contre Verzat, avant que soudain quelqu'un, venu au secours, le tire vers l'extérieur : Chauveau, adjoint au maire, lequel à n'en pas douter a beaucoup de courage. Laur, lui aussi, aide à chasser les meneurs.

Un panneau de la porte détruite est encore lancé à travers la pièce mais un certain calme revient. Le sang a coulé abondamment et la foule semble se retirer. Laur sort du bâtiment et tombe sur le sous-préfet Simon. Ils échangent brièvement. Watrin est gravement blessé. Il est temps d'envoyer le télégramme promis au préfet. Laur traverse la foule.

Il demeure une immense confusion. À ce moment-là, Chabaud, Verzat et Watrin sont encore, pour ainsi dire, livrés à eux-mêmes. Chabaud et Verzat prodiguent des soins au blessé. Comme il n'y a pas de feu dans la pièce, ils passent dans un bureau où il y a une cheminée et une corbeille de houille. Ils font asseoir Watrin sur une chaise.

La nuit est tombée depuis un petit moment, si bien que du dehors, grâce à la lumière du feu, on peut voir bouger à l'intérieur. La foule un instant apaisée se tient toujours sous les fenêtres. Elle voit se mouvoir trois ombres. Trois... Watrin n'est pas mort.

Et c'est alors une grêle de pierres qui brise les vitres. Pour le protéger, Chabaud et Verzat déplacent Watrin entre les deux fenêtres.

Dix-sept heures trente. Ne pouvant plus grand-chose dehors, se replient vers eux le sous-préfet, le maire et les conseillers. Le procureur de la République et un juge d'instruction sont arrivés de Villefranche. Qui les a prévenus ? Cet appareil de fonctionnaires et de magistrats n'y fera rien. La ceinture tricolore de Cayrade n'a impressionné personne. Cantaloube, sorte d'hercule, qui a lutté vigoureusement contre la foule, est épuisé. Il aide cependant Chabaud et Verzat à s'enfuir à travers les galetas. Les ingénieurs descendent sur le toit d'un bâtiment voisin. Verzat hésite à sauter. Il s'adresse à un mineur qui passe et qui, plutôt que de l'aider, s'éloigne de lui comme d'un pestiféré.

La foule entière ne se contient plus. Cayrade supplie Watrin de se démettre.

« Eh bien, gémit-il, faites comme vous voudrez ! »

Cayrade annonce alors que Watrin vient de donner sa démission.

« Retirez-vous donc, maintenant que vous avez satisfaction, et ne prolongez pas cette scène lamentable ! »

Mais la foule n'est point satisfaite.

« Ce n'est pas sa démission, c'est sa peau qu'il nous faut. Il est trop tard. Gare à la dynamite, ce soir, si nous n'en finissons pas maintenant ! »

Et c'est alors une horde, hommes et femmes déchaînés, qui s'engouffre à nouveau dans le bâtiment, par le couloir et les fenêtres. On a dressé une seconde échelle. Bientôt, la pièce est envahie.

Cayrade fait un rempart de son corps, en vain. Watrin est frappé entre ses bras, puis entraîné vers la porte. Il se défend avec acharnement. Il se cramponne où il peut. Il laisse sur le mur l'empreinte de sa main ensanglantée. À la porte, un mineur lui assène un coup de poing qui l'envoie s'écraser contre ce même mur, qu'une gerbe de sang éclabousse copieusement, complétant le sinistre tableau.

Watrin gît, inerte. On le relève et le pousse. Un autre grand coup, sur l'arrière de la tête, l'envoie rouler à terre devant la cheminée. On le croit mort, enfin. Trois hommes le saisissent, l'un par le haut du corps, les autres par les jambes, et le portent jusqu'à la fenêtre.

Watrin revient à lui tandis qu'on le précipite dans le vide. Il s'accroche désespérément à la fenêtre, et quand enfin il tombe, la foule éprouve *un frémissement de joie.* Mais son calvaire n'est pas fini.

« À mort Watrin ! »

Watrin est parti à la renverse. Il s'écrase de tout son poids sur la meule à aiguiser qui se trouve sous la fenêtre. Il n'est toujours pas mort. On le traîne sur le sol. On le bourre de coups. On le piétine. Les conseillers qui s'opposent sont malmenés. Une femme, écumant d'une colère féroce, s'accroupit, prête à le mutiler. Mais on empêche cet acte épouvantable. Puis tout le monde s'éloigne.

Laur, de retour, trouve Watrin inanimé. Quinze gendarmes arrivent aussi et le transportent dans un petit bâtiment annexe.

Watrin succombe, sans avoir repris connaissance, six heures plus tard, aux environs de minuit.

Le lendemain, Deseilligny, des Houillères & Fonderies de l'Aveyron, dont le siège est à Paris 19 rue Gramont, reçoit ce télégramme :

De Capdenac Dépôt le 27 à 7 h 35 du matin
WATRIN FRAPPÉ HIER ET MORT À MINUIT. SOUS-PRÉFET ÉTAIT À DECAZEVILLE. TROUPES ARRIVÉES CETTE NUIT PAR TRAIN SPÉCIAL. BLAZY EST À FIGEAC. FAITES PRÉVENIR FAMILLE WATRIN.
Signé Petitjean

Il s'agit de lire entre les lignes. Un responsable de l'État était présent, et qu'a-t-il donc fait ? Des troupes ont été envoyées sur place, mais trop tard. La compassion pour la victime sera pour une autre fois.

NOTE DE DESEILLIGNY ET DUVAL
envoyée à l'agence Havas jeudi 28 janvier

Decazeville 28 janvier. Ce matin le travail a repris dans toutes les mines sans qu'il y ait eu aucun changement dans les tarifs qui règlent les salaires. Cela tend à prouver que dans la tentative d'arrêt du travail qui a eu lieu le 26 il y avait tout autre chose qu'une question de salaires. Il faut plutôt chercher les causes dans le malaise général des esprits, dans les insinuations quotidiennes des journaux socialistes, peut-être aussi dans l'irritation des marchands locaux gênés dans leur commerce par la création récente d'une société coopérative de consommation ayant pour but l'abaissement du prix des denrées pour les ouvriers. Ce qui peut faire penser que le mobile des grévistes était bien celui-là, c'est qu'ils se sont exclusivement acharnés contre M. Watrin et M. Blazy qui tous les deux s'occupaient avec le zèle le plus louable du développement de la société coopérative. Un point qui frappe à première vue c'est l'inconcevable inertie des autorités locales qui ayant été prévenues dès huit heures du matin et ayant le droit de réquisition de la force publique n'ont pas cru devoir en user alors qu'un premier fait de violence consistant dans l'enlèvement de force de M. Watrin, pour l'emmener à la mairie où il a été séquestré pendant un temps assez long, leur faisait un devoir d'y recourir.

Il semblerait même d'après des informations dont nous ne garantissons toutefois pas l'exactitude que la brigade de gendarmerie locale aurait été consignée dans ses quartiers, ce qui a laissé toute liberté aux assassins dans la scène de carnage qui a suivi. Il y a là des questions de responsabilité que l'enquête établira sans aucun doute.

Chapitre IV

QUEL HOMME !

Suite au télégramme de Petitjean à Deseilligny, un conseil d'administration de la Compagnie se tient en urgence, avec *une douloureuse impression.* Il est question d'agir énergiquement pour obtenir des mesures protectrices et répressives. La Société générale de Rodez a demandé si elle devait envoyer tout de même l'argent pour la paie des ouvriers, et on décide : mieux vaut ne rien changer.

Dans la foulée de ce conseil, Say, Raoul-Duval et Deseilligny rencontrent Freycinet, président du Conseil. Les portes du palais sont toujours ouvertes aux puissants... Et Watrin ?

Le malheureux Watrin ! L'ignoble Watrin ! Que n'a-t-on dit et écrit sur cet homme !

Le portrait (un dessin d'après photographie) que nous avons de lui ne montre pas un individu d'apparence désagréable, au regard méchant, malsain, voire vicieux. Il porte bien et sobre. Ses vêtements révèlent un caractère soigneux et peut-être même délicat. Le nœud papillon légèrement bouffant souligne un col blanc et droit. La veste tombe parfaitement sur le gilet bien boutonné. Ses moustaches sont plus fournies que sa barbe. Ses cheveux peignés en arrière découvrent un front haut. Il a plutôt l'air bonhomme, avec des yeux qu'on dirait tirés vers le bas, qui lui donnent un air de cocker.

Qui est Watrin ? Dans la France industrielle, du nord au sud, il se crée des mines et des forges partout, tout le temps, et naturellement Watrin est le fruit de cette histoire.

Jean-Jules Watrin naît à Mey, près de Metz, en 1837. La ville de Decazeville, elle, est sortie de terre un peu plus tôt, sous l'impulsion du duc Élie Decazes, qui a hérité de mines et a su aussitôt en tirer avantage. Decazeville s'est développée à partir d'un village. Les premiers actes d'état civil datent de 1835. La ville est encore jeune quand, à l'âge de vingt ans, Watrin intègre l'école des mines de Saint-Étienne. Il terminera premier de sa promotion et ne cessera dès lors, pendant vingt-sept ans, d'appartenir à l'industrie. D'abord attaché à la Compagnie de Terrenoire, il travaille aux usines de Saint-Julien, de Vienne, et de Bessèges, dans le Gard. Puis, pour la Compagnie des forges de Châtillon-Commentry, il est chef de fabrication à l'usine Saint-Jacques. Watrin est assurément un homme talentueux, une perle de l'industrie minérale, car on le retrouve bientôt à diriger les forges et aciéries de Mouterhouse, de la Société Dietrich, puis l'usine de Saint-Montan, pour la Compagnie

Châtillon-Commentry, à nouveau. Comme un marin de port en port, Watrin navigue de forge en forge. Enfin, en 1880, il est appelé à Decazeville, comme sous-directeur, par la Compagnie des Houillères & Fonderies de l'Aveyron. Watrin a déjà une belle carrière.

Quelques semaines après le meurtre, en mai, lors d'un autre conseil d'administration, on reviendra sur *cet attentat consommé par quelques furieux, en présence d'une foule aveugle et inconsciente, sur un homme seul et sans défense, et sur quel homme !* En effet, ses habitudes de labeur, sa probité, *les services rendus à la cause du travail,* auraient dû le protéger de la haine populaire... Continuons un peu avec la brosse à reluire. Dans toutes les positions qu'il a occupées, Watrin a su s'attirer l'estime de ses chefs. Il a fait preuve des plus éminentes qualités d'ingénieur et d'administrateur. Infatigable, toujours le premier au travail, il exigeait qu'on suive son exemple. Tout son temps était consacré aux intérêts qui lui étaient confiés. Il faisait régner autour de lui l'ordre et l'économie, *premières conditions de succès pour les affaires industrielles, et de sécurité pour ceux qui en vivent.* Cela n'empêchait pas qu'il avait d'excellents rapports avec les ouvriers. Son caractère était enjoué et égal, son abord très facile. Il les connaissait tous, les appelait par leurs noms et causait souvent avec eux. Toutes les réclamations étaient écoutées avec attention. Il ne se préoccupait que de l'équité et de la justice. Sa sollicitude pour les ouvriers le portait à rechercher les moyens d'améliorer leur existence. D'ailleurs, dans ce but, il avait provoqué à Decazeville la création de magasins coopératifs. Un saint donc ! Voilà l'homme qui avait été assassiné lâchement... Cessons là le panégyrique.

Pourquoi donc alors l'avait-on occis ? Certes, Watrin est une victime. Mais à cause de quoi ? De son zèle ? Malgré les apparences, de sa cruauté ? De la crise qui sévit ? De la Compagnie qui lui a confié la sale besogne ?

Victime, bon. Mais coupable aussi. On ne l'aurait pas tué avec cette sauvagerie sinon.

Où l'animosité puisait-elle ? Dans la menace d'une prochaine diminution de salaires ? Dans certaines vexations subies par des mineurs ? On disait que celui qui se plaignait trop haut était aussitôt renvoyé. Watrin aurait ainsi chassé de vieux serviteurs de la mine. Son dévouement exagéré à la Compagnie lui aurait inspiré des mesures qui réduisaient de façon trop criante les mois de deux ou trois catégories d'ouvriers. Un mineur allait se plaindre auprès de lui de sa journée trop maigre, aussitôt Watrin s'apitoyait sur son sort, lui promettait de l'améliorer, et puis oubliait sa promesse, allant au contraire lui réduire son salaire. On rapportait maints faits semblables. Alors Watrin, un sous-directeur apprécié de son personnel, certainement pas. L'issue fatale était en germe dans ces abus de toutes sortes. Ou bien dans la création de cette fameuse société coopérative ? Les marchands locaux n'auraient pas apprécié, à raison. Ils auraient attisé la colère, ce qui expliquerait que tant de femmes avaient participé à l'hallali.

L'idée était d'abaisser le prix du pain et de la viande pour les ouvriers, et d'autres denrées bientôt. Autant décider de la ruine du commerce local. N'était-ce pas, en effet, le seul mobile valable ? Une opinion circulait, selon laquelle on avait incité les mineurs à croire que, en fondant cette coopérative, la Compagnie voulait les tenir complètement en son pouvoir.

Chapitre V

UN BRAS DE FER

Le lendemain, la ville est très calme. L'ivresse du sang est retombée. C'est pour beaucoup maintenant un sentiment d'horreur après le meurtre, un sentiment peut-être plus grand pour tous ceux, la majorité, qui ne l'ont pas réellement commis. Mais qui n'aurait pas sa part de responsabilité en pareil cas ? Après l'acte sanglant, s'étaient précipités dans une même fuite, dans un bruit oppressant de murmures et de sabots, innocents et coupables. Comment les distinguer dans la nuit ?

Le préfet Dumesnil, le général de brigade et le chef d'escadron de gendarmerie sont arrivés par train spécial, avec de nombreux soldats. Il en arrive encore, à pied et à cheval. Des soldats circulent partout, baïonnette au canon. Les troupes occupent l'entrée des mines de Bourran et de Palayret. Le travail est suspendu dans toutes les galeries mais le génie s'est empressé d'assurer la surveillance contre les incendies.

Le préfet est descendu à l'hôtel Derruau où le rejoignent le procureur général de Montpellier, le procureur de la République de Villefranche, le juge d'instruction chargé d'instruire l'affaire et les ingénieurs de l'État. La situation est grave, les coupables seront châtiés mais il n'est pas question de mettre tout le monde dans le même panier. On est en République et le discernement prévaut. La situation semble apaisée mais il ne faudrait pas non plus remettre de l'huile sur les braises encore fumantes.

Aussi des pourparlers sont engagés immédiatement avec les ouvriers. Une bonne partie de la journée, Dumesnil, Laur, Petitjean et six délégués mineurs discutent des revendications déjà exprimées. La Compagnie ne peut céder en tout mais Petitjean fait une promesse, qui tient en trois points. La paie sera désormais versée tous les quinze jours, il sera interdit de marchander le travail au rabais et, enfin, Blazy quittera le service de la Compagnie.

Dumesnil est heureux de constater que si les mineurs n'ont pas reçu entière satisfaction, ils se sont montrés pleins de bon sens. D'ailleurs, aussitôt, les délégués engagent les ouvriers à reprendre le travail. Toutes les mines redémarrent le lendemain vendredi. Seules les forges et les fonderies restent à l'arrêt car certaines réparations sont nécessaires et il faut du temps pour relancer les chaudières.

Le corps de Watrin devrait quitter Decazeville samedi. S'agissant de la cérémonie, le préfet hésite quant à la conduite à tenir. Mais une chose à la fois. Il est satisfait. La situation reste tendue mais ne présente plus de périls imminents.

Cependant, presque aussitôt les pourparlers achevés, une rumeur circule dans toute la ville. On se demande quelle pourrait bien en être la source. La Compagnie hésiterait à tenir des engagements pris vis-à-vis des délégués. Petitjean se refuserait à tenir les promesses faites.

L'émotion est vive. Les délégués s'en vont frapper à la porte de Dumesnil, qui sans tarder se rend auprès de Petitjean. Il faut croire qu'à son esprit un revirement est tout à fait possible.

Nous ne savons rien de cette entrevue sinon le résultat. La rumeur était-elle fondée ? Dumesnil doit-il montrer les dents ? Les délégués attendent dehors. La discussion est courte. Très vite, Petitjean confirme les concessions. Les délégués sont soulagés et Dumesnil leur demande de rester sourds désormais à tous les bruits et à toutes les insinuations qui seraient de nature à égarer l'opinion publique.

Comment se sont parlé les deux hommes ? Avec courtoisie, mais fermeté, à n'en pas douter. Dumesnil a-t-il reproché à Petitjean l'intransigeance de la Compagnie, sans laquelle Watrin serait peut-être encore des leurs ? Il avait conseillé plus de prudence, de la bienveillance à l'égard des ouvriers. Petitjean lui a-t-il rappelé que les troupes, pourtant stationnées à Rodez, à deux heures de chemin de fer, auraient pu réprimer l'émeute et empêcher la mort du sous-directeur ?

Nous imaginons la colère du préfet, la fourberie du directeur. À ce moment-là, assurément, a commencé le bras de fer entre l'État et la Compagnie.

Ce même vendredi, on procède à quatre arrestations. Ce ne sont pas les dernières. Il y a maintenant huit cents soldats à Decazeville, en plus des gendarmes et policiers. L'affaire fait déjà grand bruit à la Chambre. Basly, député de Paris, est en chemin.

Chapitre VI

UNE RÉUNION AU SOMMET

Il est bien beau, le communiqué que Deseilligny a envoyé à la presse, mais il ne dit pas tout. D'une fenêtre de son vaste bureau, Say regarde les fiacres qui défilent dans la rue Gramont, et rumine. Gastambide, administrateur délégué, lui, est assis dans un confortable fauteuil en cuir et parcourt calmement le dossier qu'un secrétaire a constitué en hâte, il en connaît pourtant chaque élément.

Say s'est entretenu avec Freycinet et il n'a pas apprécié. Mais qu'importe ! L'armée est désormais dans la place, ce qui donne un avantage certain à la Compagnie. Qu'est-ce donc que ce gouvernement qui prône le respect de l'ouvrier ? Des ouvriers sont même devenus députés ! Et l'on parle d'amnistier les agitateurs de Montceau-les-Mines ! Punira-t-on seulement les meurtriers de Watrin ? La période n'est décidément pas favorable pour le travail et le profit.

Say, Léon, a été banquier, administrateur de compagnies de chemin de fer, journaliste au *Journal des débats* dont il est devenu le directeur, député, préfet, président du Sénat, ambassadeur à Londres, plusieurs fois ministre des Finances, sous cette République… Une devise ? *La charité a des limites, le bon placement non.* La famille est prospère, très influente. D'ailleurs, la tante Octavie s'est mariée avec Charles Edmond Raoul Duval.

La circulation est fluide dans la rue Gramont, plus fluide que ses pensées. Say grogne :

« On nous dit que Watrin, pour se soustraire aux menaces des grévistes, se serait réfugié dans un bâtiment en compagnie du sous-préfet et du maire. Or, il me semble inexplicable que les émeutiers aient pu, en leur présence, s'emparer de lui, et surtout qu'on les ait laissés faire.

– Incompréhensible, en effet, corrobore Gastambide, avec componction.

– Watrin avait-il ordinairement de bons rapports avec les ouvriers ?

– En sa qualité de sous-directeur, il avait peu affaire à eux. Il n'avait pas à s'occuper des marchandages, ni d'autres questions de ce genre. Il se peut qu'à certains moments Watrin ait été obligé de renvoyer quelques ouvriers dont il était mécontent, comme cela se pratique partout ailleurs, mais de là à provoquer un meurtre ! »

Le silence retombe entre le président et l'administrateur délégué. Dans la rue, la circulation s'est ralentie à cause d'une charrette à bras trop chargée. L'homme qui tire la charrette s'est retrouvé à ne plus savoir avancer, et a provoqué aussitôt la colère de l'automédon derrière lui, colère qui semble se transmettre à ses chevaux dont les sabots heurtent en saccades le pavé. Toujours, pense Say, un maladroit pour contrarier la bonne marche des affaires. Gastambide ne voit pas la scène et continue à parcourir les pages de son dossier dont moitié moins des éléments donneraient déjà bonne conscience.

Les mines de Decazeville, c'est 400 000 tonnes de houille par an. Bourran est la mine la plus importante. On vient d'y installer les appareils d'extraction et de ventilation les plus perfectionnés. À elle seule, Bourran fait la moitié de l'extraction de la Compagnie. Les charbons de Decazeville ne sont malheureusement pas faciles à écouler. Des éléments volatils et beaucoup de cendres les rendent impurs. Le seul gros client est la Compagnie du chemin de fer de Paris à Orléans, dont le marché de 300 000 tonnes finit en avril. Elle vient de demander des réductions impossibles à consentir et menace de prendre des charbons anglais. Si on ajoute à cela une métallurgie du fer en pleine crise !

Leurs ouvriers pourraient être plus compréhensifs. Gastambide reprend soudain, comme s'il pensait tout haut :

« Je ne sais pas pourquoi les mineurs ont pu se mettre en grève. Nos affaires ne sont pourtant pas très brillantes. Nous n'avons pas pu distribuer de dividendes l'année dernière et il est à craindre que ce soit de même cette année. Malgré cela, on a continué à extraire le charbon.

– Nos mineurs ont du travail donc.

– Parfaitement. Cela me semble extraordinaire que la grève ait éclaté chez nous, où les ouvriers travaillent six jours par semaine. À Campayrac, les ouvriers ne travaillent que cinq jours ! Et Dorlodot, faute de commandes, a dû en renvoyer cinq cents ! »

Leurs ouvriers ne sont vraiment pas à plaindre. Ils devraient plutôt dire merci à la Compagnie.

« Rien qu'on nous cache ? »

Gastambide fait une moue, ne sachant quoi répondre.

« Quel est le salaire moyen de nos mineurs ?

– 4 francs 30. Il n'y a donc pas de question grave de salaire en jeu. Nous n'avons pas, officiellement du moins, diminué les tarifs, nous les avons un peu *serrés,* voilà tout… »

Ni l'un ni l'autre ne souffriront d'une hypocrisie flagrante. Say observe toujours la charrette à bras et le grand désordre qu'elle a provoqué. Il compatirait pour le bourgeois dans le fiacre s'il en avait le temps. Personne n'est descendu de son attelage pour aider le croquant. La situation est partie pour s'éterniser et c'est à s'étonner qu'on n'en soit pas encore venu aux mains.

« La vérité, juge-t-il, c'est que les mineurs de Decazeville lisent les mauvais journaux. Ils sont en butte à de mauvaises excitations… »

Say hausse les épaules, navré. À quoi bon revenir sur tout ça ? Il faut regarder devant. Il est le président de ce navire et c'est à lui de donner le cap.

« Faites tenir le journal des événements, Gastambide. Préconisez la plus grande discrétion dans nos échanges, usez d'un langage codé s'il le faut. Nous devons être très prudents. »

Les deux hommes restent à nouveau silencieux une minute ou deux, puis Say ajoute :

« Prévenez Petitjean que nous ne céderons pas. Et puis faites-nous rédiger une note sur ce maire, Cayrade, n'est-ce pas ? Et sur ce préfet...

— Des Républicains, monsieur... Pas de chance pour nous, dans un département profondément clérical, et réactionnaire.

— Vous m'en direz tant ! »

LE CRI DU PEUPLE

Par extraordinaire, pour la première fois peut-être, ce n'est pas du sang d'ouvrier qui a coulé.

La victime, pour parler le langage officiel, est le sous-directeur de la mine, un nommé Watrin, qui jouait depuis trop longtemps avec les colères prolétariennes.

Nous ne sommes pas, nos lecteurs le savent, de ceux qui crient aux exploités : « Mort un exploiteur, morte l'exploitation ! » Si le travail et les travailleurs pouvaient être affranchis à ce prix, il y a longtemps que la chose ne serait plus à faire.

Mais devant ce cadavre d'employeur, de tortureur, qui va tirer des larmes de tous les yeux bourgeois et des condamnations d'une justice également bourgeoise, il nous est impossible de penser à autre chose qu'aux souffrances, aux injures et aux provocations dont une pareille mort n'est que le couronnement – pour ne pas dire le châtiment.

Il nous est impossible de nous apitoyer sur d'autres que sur ces populations maudites, qui, déjà livrées aux brutalités de la soldatesque expédiée en toute hâte d'Albi et de Rodez, vont payer de nous ne savons combien d'années de prison pour les uns, et d'années de famine pour les autres, ce qui, pour quiconque est descendu un seul instant dans l'enfer géologique et capitaliste, n'est qu'un fait de guerre... de guerre sociale.

Aux condamnés de demain – damnés de toujours – *Le Cri du peuple* envoie son salut révolutionnaire.

Chapitre VII

LA FAUTE À ZOLA

Le buste balzacéen, le cou de taureau, les sourcils broussailleux, les moustaches épaisses d'un Maupassant à cheveux longs, Jules Cayrade en impose par nature.

Par éducation et engagements, Cayrade, au moment du drame, c'est déjà une vie ! Fils de pharmacien, il est devenu médecin. Élève du père Lacordaire, catholique mais *social,* à l'école de Sorèze, il sera *le médecin des pauvres.* Rien d'étonnant alors à ce qu'il se présente aux élections municipales de 1878, contre un candidat de la Compagnie des Houillères, et gagne. Premier maire républicain de Decazeville, il ne s'arrête pas en aussi beau chemin. Trois ans plus tard, il est élu député. Personne ne peut avoir de doute sur le côté où son cœur penche. Pour donner du travail aux ouvriers, il a décidé la construction d'une école, laïque bien sûr, et d'une nouvelle mairie – elle sortira bientôt de terre et dominera les usines.

Watrin une fois mort, sans surprise, Jules Cayrade et Alexandre Bos, son premier adjoint, deviennent la cible des partis de droite et des catholiques.

Faut-il que l'ouvrier expie son vote républicain ! se lamente Cayrade, regardant par la fenêtre.

La cour est vide. Il n'y a pas si longtemps s'y étaient pressés, à s'étouffer, tant de grévistes, s'était concentrée tant de haine. Il ne pensait pas que cela fût possible. Il n'avait pas voulu user de la force. Non à cause d'une trop grande confiance dans son pouvoir de persuasion, mais parce qu'à son esprit était encore vif le souvenir d'une autre grève, quelques années plus tôt. À Aubin, la troupe avait tiré. Quatorze morts, dont deux femmes et un enfant. Plus jamais cela.

Cayrade se doutait bien qu'on lui ferait le reproche. La mitraille est venue d'abord de Lacombe, sénateur de l'Aveyron. Il a interpellé le gouvernement : Cayrade, refusant le concours de l'autorité, devra assumer une lourde responsabilité. Dans son édition du jour, samedi 30 janvier, *L'Aveyron républicain*, comme un perroquet, insiste : « *Cayrade, en refusant le concours de la gendarmerie, a encouru une responsabilité grave. On dit même qu'après le meurtre il promettait aux mineurs que la troupe ne viendrait pas.* » Calomnie ! Est-ce *L'Aveyron républicain* qui écrit cela ? Ou bien se font-ils l'écho d'un torchon réactionnaire ? On ne sait plus qui dit quoi. C'est la cacophonie.

Cayrade est meurtri. Il devra encaisser d'autres coups. En l'accablant, c'est la République qu'on accable. Pour les réactionnaires, l'occasion était trop belle.

Les journaux sont tombés sur son bureau comme les dernières feuilles d'un arbre après un fort coup de vent. Cayrade est consterné par ce qu'il lit par ailleurs. On raconte qu'un ouvrier a sonné le glas avec la cloche du plateau pendant le meurtre. Mais c'est faux ! Simplement, se hissant sur la potence qui portait la cloche, afin de mieux voir, un gamin l'a fait vibrer par inadvertance.

« Le tableau est assez lamentable, fulmine Cayrade, sans qu'on s'amuse à le changer ! »

Il connaît bien les gens de ce pays. Les ouvriers ne sont pas comme ce crime pourrait le supposer. La plupart d'entre eux sont originaires de là. Beaucoup y possèdent un lopin de terre, une petite maison. Ils voient souvent leur famille. Ils sont attachés à la prospérité des mines. Ils sont par conséquent réfractaires aux idées révolutionnaires qui agitent d'autres bassins houillers.

Cayrade a ses convictions. L'assassinat de Watrin n'a pas été provoqué par un mot d'ordre venu d'ailleurs. C'est un accident, non pas un fait prémédité. Sinon Watrin eût été tué plus tôt, sans témoins, par ceux qui l'avaient pourchassé dans son propre bureau. Amener Watrin à la mairie indiquait qu'il n'y avait pas d'autre volonté que celle de le forcer à écouter les plaintes, et d'y donner satisfaction.

Qui pouvait imaginer que, au mépris des conseils de sagesse des ouvriers syndiqués, quelques exaltés précipiteraient le dénouement par un acte sanglant ? Qui ?

Cayrade continue à lire la presse. Si seulement, pense-t-il, Watrin avait accepté de signer sa démission ! Et voilà le bilan ! Quel sort sera fait aux ouvriers ? Il ne faut pas être grand clerc pour deviner que ça tournera à leur désavantage. *Le XIXe siècle* parle d'une guerre sociale. Le journal est frappé par la sauvagerie de cette chasse à l'homme. « *Il faudra que les journalistes qui préconisent la pratique des grèves, condamnées même par beaucoup de socialistes, s'expliquent sur la forme nouvelle prise par la grève de Decazeville, et nous disent si le meurtre des agents entre dans le programme du débat économique ?* »

À cet instant, Bos entre dans le bureau, avec sous le bras d'autres journaux.

« Vous m'en apportez d'autres ! C'est un nouveau supplice ? »

Bos sourit.

« Vous serez bientôt attendu pour les funérailles, Jules. »

Cayrade soupire. Il a maintenant le nez dans *La Justice*... Il savoure. Le journal que dirige Clemenceau souligne que les relations entre ouvriers et patrons sont devenues aiguës, intolérables, la preuve en sont les grèves qui éclatent sur tout le territoire, les multiples agressions, les procès de Montceau. Il ne suffira pas de châtier les coupables du meurtre de Watrin pour en éviter le renouvellement. « *L'ouvrier mineur est toujours comme le serf était il y a quelques siècles en face de son suzerain. Esclave de la Compagnie ! Ce n'est pas un crime d'homme libre que celui de Decazeville ! C'est un acte farouche et féroce d'esclave qui, courbé trop longtemps sous le joug, se redresse un jour et frappe. Nulle part hors dans les centres miniers, n'existent entre patrons et salariés ces rapports tendus qui un jour, fatalement, se brisent. Il faut hautement répudier les attentats comme celui de Decazeville. Mais c'est peu que de condamner des actes criminels, il faut en empêcher le retour. Vous voulez supprimer l'effet ? Commencez par supprimer la cause !* »

« *La France libre*, elle, pense que ce n'est pas la troupe qu'il faut envoyer. Il faut imposer le respect de la loi aux compagnies et préparer la suppression des monopoles. Ça console… »

Bos s'est installé dans un siège tout en bois, aux accoudoirs arrondis, pratiques pour poser les coudes lorsqu'on lit un journal. Soudain, il éclate de rire.

« *Le Cri du peuple* y va fort ! Le meurtre de Watrin serait la revanche de la Maheude. »

Cayrade lève les yeux, douloureusement amusé. Il revoit les femmes le jour fatal. On a écrit que dans le bâtiment elles entrèrent, acharnées, féroces, et que dès lors les cruautés se compliquèrent…

Est-ce vrai que plus tard l'une d'elles se serait penchée afin de mutiler Watrin ? En effet, comme la Maheude dans *Germinal*. Mais on ne laissa pas faire.

« *Le Gaulois*, poursuit Bos, n'est pas loin d'attribuer à Zola la responsabilité des événements !

– Je doute qu'il se soit vendu un seul exemplaire de son roman dans tout le département. Pauvre Zola ! Attendez, j'ai lu une chose effroyablement méprisante pour les mineurs… »

Cayrade ressort, comme un linge sale, *Le XIXe Siècle* de tous les périodiques étalés sur son bureau.

« Vous êtes bien assis, j'espère…

– Très bien…

– Alors, écoutez ça… *"On a peine à admettre que la lecture de* Germinal *ait beaucoup contribué à l'assassinat de Watrin. Le jour où les mineurs auront assez le goût et l'habitude de la lecture pour dévorer un livre aussi compact que le beau roman de Zola, ils seront probablement beaucoup plus capables de comprendre leurs intérêts, de les discuter et de les défendre sans recourir à d'aussi sauvages violences…"*

– Par chance, Jules, nous sommes en hiver.

– Et donc ?

– La cheminée a besoin de papier. »

Cayrade sourit franchement, pour la première fois de la journée, puis parcourt du regard la pièce en désordre.

« Vous cherchez ?

– Mon écharpe… Souvenez-vous, nous avons un mort à honorer. »

DERNIÈRE HEURE

Cinq nouvelles arrestations. Caussanel, 18 ans ; Bedel, 28 ans ; Blanc, 35 ans ; Lescure, 35 ans, et la femme Pendariès, 32 ans.

Lescure aurait porté le premier coup à Watrin. La femme Pendariès a été reconnue comme l'une de celles qui ont piétiné le corps de Watrin quand il a été jeté par la fenêtre.

L'accusation vise la participation au meurtre et entraves à la liberté du travail. L'instruction faite par le procureur général de Montpellier est activement menée.

Chapitre VIII

LA MESSE EST DITE

Les ouvriers ne chercheront pas à franchir les cordons de soldats. Ils ne sont pas si nombreux, d'ailleurs. Et pour cause, le travail a repris. Ceux de la nuit sont partis se coucher et, sans doute, à cette heure, attendent tranquillement le soir. Ceux du jour sont à ce moment-là dans la veine, à en suer. Plutôt que d'être surpris de leur absence, il faudrait se demander pourquoi ce samedi n'a pas été déclaré pour tous jour de deuil. Oh, il y en a bien quelques-uns qui traînent derrière les soldats solennels, dont on dira qu'ils n'étaient même pas capables d'enlever le chapeau au passage du mort. Celui-ci se dit peut-être que c'en est fini, d'être espionné sur les chantiers, d'être surveillé en famille. Watrin *comptait les morceaux*, autrement dit il se renseignait sur les achats au marché, sur la nature et l'importance des dépenses, et qui se nourrissait trop bien risquait fort de voir restreindre son salaire. Celui-là se souvient certainement qu'un jour, parti se plaindre dans le bureau directorial, il se vit brutalement répondre : « Ôtez-vous de là ! Vous salissez mon parquet ! »

Les ouvriers, les mineurs sont là, oui, rares aux abords mais quelques dizaines, tout de même, derrière le cercueil. Ceux-là se sentent-ils obligés ? Forcés ? Les serfs de la houille, les forçats du bagne capitaliste, les damnés de l'enfer souterrain… Ils marchent, respectueux. Et au diable les fielleux ! Parce qu'ils en entendent ! Leur existence ne doit pas être si horrible puisque des milliers d'entre eux ne font aucun effort pour y échapper, n'est-ce pas ? Si les mines sont des bagnes, ce sont au moins des bagnes d'où l'on peut s'évader !

Le sans-grade n'est pas le seul à ruminer. Maintenant, les langues se délient aux rangs supérieurs. Très jaloux de ses prérogatives, assoiffé de pouvoir, Watrin ne pouvait supporter aucune initiative ni aucune indépendance. Son personnel, qu'il envoyait néanmoins aux premières lignes, en boucs émissaires, devait être *comme un cadavre*. Il n'avait pas son pareil pour faire sécher sur pied le subordonné déplaisant…

Personne ne crache par terre au passage du cercueil. L'ambiance est glaciale. Il fait toujours aussi froid, faut dire.

Après certaines chicaneries, le préfet Dumesnil a validé le parcours. Toute la troupe est mobilisée. Sept rues en tout sont barrées, parfois par deux lignes de soldats, comme si une ne suffisait pas !

Le cercueil quitte l'hôpital où le docteur Puechagut a procédé à l'autopsie – le corps était tellement mutilé qu'il lui a été impossible de dénombrer les coups portés –, situé près du bassin qui fut tant promis au *Prussien*. Puis il se dirige lentement vers l'église, longeant les casernes et les bureaux de la direction.

La gendarmerie à cheval ouvre la marche, puis vient le cercueil porté par des gardes.

Les cordons du poêle sont tenus par certains directeurs d'autres mines, Nougarède de Bouquiès, Seybel de Campagnac, Bris de Viviez, Taragonet du Gua. Un des trois draps est porté par les ingénieurs : de Verneuil et Chabaud de Combes, Colrat de Firmy, Martin de Palayret, Verzat de Bourran, sans oublier Peloton, le sous-directeur des ateliers. Chabaud et Verzat sont-ils remis de leurs émotions ? Petitjean est avec eux bien sûr. Suivent d'autres gendarmes à cheval, le deuil – la sœur et le frère de Watrin ont fait le voyage –, le cortège officiel – le préfet Dumesnil, Joseph Laur, Cayrade, le conseil municipal au complet et toutes les autorités civiles et militaires appelées à Decazeville – et, enfin, environ deux cents personnes du peuple ordinaire.

L'église est un monument sobre, et même austère, jeune comme la ville, réalisé par Antoine-Martin Garnaud, à la demande du personnage à qui le pays doit tant, François Cabrol, premier directeur de la Compagnie des Houillères & Fonderies de l'Aveyron. L'âme de Watrin s'envole peut-être alors sous la double bénédiction de l'Église et de l'Industrie, du goupillon et de la rivelaine. Cayrade se tient-il au premier rang ? L'histoire ne le dira pas. Après la messe, le cortège revient en arrière sur une quarantaine de mètres, puis tourne en direction de la gare.

L'après-midi touche à sa fin quand Petitjean fait l'éloge du mort. Le cercueil est maintenant dans le train qui va prendre la direction de Metz. Bourhis, chimiste de la Compagnie, accompagnera la sœur et le frère. On ne dira pas que la Compagnie a laissé partir Watrin dans l'indifférence. Très ému, Petitjean s'éclaircit la voix puis déclame :

Messieurs,
Je ne veux pas laisser refermer ce wagon sans remplir un devoir. C'est au nom du conseil d'administration, au nom des ingénieurs, ses collègues et ses amis, au nom des honnêtes gens du pays que je veux adresser à celui qui va partir un dernier témoignage de sympathie et de regret.

Je ne retracerai pas devant vous la vie de Mr Watrin. Vous la connaissez. Elle était simple comme celle de gens qui font leur devoir. Infatigable au travail, il demandait à ceux qu'il commandait la même ardeur, mais il avait le droit de le faire car il donnait l'exemple. Depuis sa sortie de l'école, sa vie a été mêlée à celle des ouvriers, il les connaissait et les aimait, il savait que pour les conduire il fallait être juste, et de cette justice il avait fait la règle de toutes ses actions. Tous ses efforts tendaient à un but : entretenir le travail à Decazeville et empêcher que la crise actuelle ne pesât trop lourdement sur la population ouvrière, dans les moments difficiles que nous traversons cette tâche était devenue particulièrement pénible.

Mr Watrin est mort. Dans quelles circonstances douloureuses ? Vous le savez. Il est mort au champ d'honneur et avant de le voir partir pour toujours saluons en lui une victime du devoir professionnel. Puissent nos regrets adoucir la douleur de sa famille frappée d'une manière si soudaine dans son affection.

Adieu Watrin et au revoir...

Le train emporte Watrin, il est près de dix-sept heures.

Au cimetière de Mey, Raoul-Duval se fendra à son tour d'un hommage. Il adressera ce télégramme à Deseilligny :

FUNÉRAILLES DE MONSIEUR WATRIN ONT ÉTÉ CELEBRÉES AUJOURD'HUI À MIDI DANS ÉGLISE DU PETIT VILLAGE DE MEY. ELLE NE SUFFISAIT PAS À CONTENIR LA FOULE SYMPATHIQUE ET RECUEILLIE QUI S'Y ÉTAIT RENDUE. DE NOMBREUX

TÉMOIGNAGES DE SOUVENIR AVAIENT ÉTÉ ENVOYÉS DES DIVERSES USINES OU MONSIEUR WATRIN AVAIT ÉTÉ EMPLOYÉ COMME INGÉNIEUR. LA CÉRÉMONIE ET LE DISCOURS PRONONCÉ SUR LA TOMBE PAR MONSIEUR RAOUL DUVAL AU NOM DU CONSEIL D'ADMINISTRATION ONT PRODUIT UNE VIVE IMPRESSION. C'EST AUTOUR DE MEY QUE S'EST LIVRÉE LA BATAILLE DE BORNY PENDANT LA CAMPAGNE DE METZ EN 1870.
RAOUL-DUVAL

Fernand Raoul-Duval. La précision est d'importance. Il est le fils de Charles Edmond Raoul Duval, dit Raoul-Duval, et donc cousin de Léon Say. Comme le frère Edgar Raoul-Duval, alors député conservateur de l'Eure. Dans la famille, presque tout le monde s'appelle Raoul.

Chapitre IX

BASLY

À l'oreille, son nom est une anagramme de Blazy, l'ingénieur fuyard, mais il ne s'agit pas du tout du même personnage.

Basly entre dans la danse, la mêlée plutôt, comme député, mais il fut ouvrier. Il est de ces hommes de peu que la République a accueillis sous ses ors et dont l'engagement ne s'en est pas pour autant amolli. Basly sait d'où il vient. Il ne l'oubliera jamais. Aurait-on imaginé il y a quelques années encore qu'un mineur pût devenir député !

Basly, Émile Basly, est né à Valenciennes en mars 1854. Fils d'un père tonnelier et d'une mère hercheuse, orphelin à dix ans, il a été confié aux bons soins des sœurs de l'hospice de Valenciennes, puis à une famille de mineurs de Denain. Galibot à douze ans, hercheur à quinze, puis mineur de fond, il a passé dix-huit ans dans la mine. Révolté par les conditions de travail, il est devenu syndicaliste, contre la Compagnie des mines d'Anzin. Basly a inspiré et animé la grève de 1880. Renvoyé, il s'est mis alors à travailler dans le café de sa première femme, L'Estaminet. L'endroit est devenu aussitôt un lieu de réunion pour les mineurs. Là, Basly a pris goût à la politique, et bientôt Zola l'a rencontré. Étienne Lantier dans *Germinal,* c'est lui !

Basly, député de la Seine, n'a pas hésité une seconde. Il a pris le train pour Decazeville. Il voyage en compagnie de Wickerscheimer, député de l'Aude. Ils sont sur la ligne par où circule le charbon vers Orléans. Les deux hommes ont tout le temps pour discuter.

« On a prétendu que le mot d'ordre était parti de Paris, se désole Basly. Que la grève avait été décidée lors du Congrès de Saint-Étienne…

– À Paris, affirme Wickerscheimer, personne ne pouvait savoir.

– Et pas un seul meneur n'a paru dans le bassin. Les ouvriers syndiqués n'ont pas été les moins surpris par les événements. Du reste, ils désapprouvent toute violence.

– Ces événements tombent mal, enchaîne Wickerscheimer. Juste quand on discute au Palais-Bourbon de l'amnistie des condamnés de Montceau !

– C'est trop d'eau pour le moulin des réactionnaires.

– Mais c'est pourtant au gré de ces drames que la condition ouvrière évoluera… »

Le paysage défile. Orléans et Vierzon sont derrière eux. Le train approche de Limoges. Parler avec son collègue permet à Basly de préparer son interpellation au gouvernement. Ce sera une lourde responsabilité, et une violente épreuve.

« Un homme est mort, c'est terrible. Mais il ne faut pas qu'on cesse de s'intéresser à ce qu'il y a de pénible dans le travail souterrain, à ce qu'il y a de légitime dans les revendications des mineurs. Au contraire, cela doit être une excitation à l'amélioration d'une situation qui autrement engendrera encore et encore de tels accès de fureur. »

Basly garde le silence un instant, puis ajoute :

« Il y a là plus grave qu'un crime isolé. Les assassins de Watrin ne sont pas les seuls coupables. »

Basly pense à ces compagnies qui traquent les ouvriers parce qu'ils organisent des syndicats. Il en sait quelque chose. Dans les premières revendications des ouvriers de Decazeville, il y avait d'ailleurs l'exigence de réintégrer des grévistes de 1878 ! Ces derniers jours de janvier prouvent déjà que la Compagnie des Houillères ne se conduira pas mieux qu'auparavant. Le calme est revenu à Decazeville, certes. Mais si les hostilités éclataient à nouveau, c'est elle qui serait responsable. Basly en a la conviction.

Le voyage est long. Basly dort-il un peu afin de ménager ses forces ? Il lit la presse, sans doute. *Le Cri du peuple* continue de se distinguer par de violents plaidoyers en faveur des meurtriers. *« L'exécution de Watrin est la revanche de tous ceux que la faim et le désespoir jettent au vice ou au suicide. »*

L'exécution…

Basly et Wickerscheimer arrivent alors que se déroulent les funérailles de Watrin. Aussitôt, ils prennent langue avec les ouvriers. Basly a de bonnes nouvelles. *Le mineur indomptable* s'est garanti sinon l'engagement du moins le soutien de respectables avocats. Laguerre a déclaré que si on faisait appel à son concours, il ne se récuserait pas. Vergoin et Maillard se sont également mis à la disposition des mineurs détenus. Tous trois sont députés, du Vaucluse, de Seine-et-Oise et de la Seine.

Au début de février, la Compagnie n'a toujours pas tenu ses promesses. Petitjean ergote. Petitjean joue un jeu dangereux. Pourtant, le gouvernement a été saisi des pourparlers entre lui et Dumesnil. Comment dès lors d'étranges bruits ne courraient-ils pas ? Il se dit ainsi que la Compagnie refuserait de payer aux femmes des ouvriers arrêtés les salaires encore dus. Le fait est que le conseil d'administration de la Compagnie n'a pas ratifié les concessions. À défaut de cette ratification, il est à craindre, comme le pressent Basly, que la grève ne recommence. Le gouvernement est pourtant décidé à faire pression sur la Compagnie. Et voilà qu'un autre bruit court ! Blazy ne quitterait pas la Compagnie, il serait au contraire confirmé dans ses fonctions. Petitjean ne joue pas avec le feu, il répand la poudre et s'apprête à craquer l'allumette !

Tous ces jours, l'instruction est allée bon train. Les arrestations se sont succédé. Une première audience a lieu à Villefranche le 8 février. Comparaissent devant le tribunal correctionnel, sous l'inculpation d'avoir porté atteinte à la liberté du travail, par leurs violences et voies de fait : Henri Juliard, dit Rascalou, dix-neuf ans, mineur – il est accusé d'avoir menacé de couper le câble de la cage qui descend les ouvriers dans la mine de Bourran et d'avoir mordu le maître mineur Isaac –, Jean Puech, vingt-six ans, mineur – il est accusé d'avoir enlevé les courroies du ventilateur –, Jules Puech, dix-neuf ans, manœuvre – il est accusé d'avoir enlevé *les barres* afin d'éteindre les fours –, Élie Persec, plâtrier, qui n'est pas un ouvrier de la Compagnie – il est accusé d'avoir enlevé les barres des fours et l'agrafe du laminoir –, et enfin Auguste Alazard – il est accusé d'avoir aidé Jules Puech et Élie Persec à enlever les barres des fours. Après vingt minutes de délibération, le tribunal condamne Henri Juliard à trois mois de prison, Élie Persec et Jean Puech à deux mois, Jules Puech à un mois, Auguste Alazard à quinze jours…

Une nouvelle audience aura lieu quelques jours plus tard. Le procès aux assises n'est pas encore d'actualité. La cour d'assises de Rodez sera-t-elle choisie pour se prononcer sur l'affaire Watrin ? Il en est pour penser que des jurés pris parmi la population où s'est commis le meurtre n'auraient pas toute l'indépendance pour statuer, de même que la fermeté.

Chapitre X

CHAMBARDEMENT À LA CHAMBRE

De retour à Paris, Basly voit son interpellation renvoyée à une date indéterminée. Basly s'est-il trouvé en désaccord, comme on le murmure, avec ses collègues de l'extrême gauche, Clemenceau en tête ? S'est-il rallié à l'opinion de Camélinat, qui préfère que son discours soit remis après les débats sur l'amnistie ?

C'est un fait que le groupe de l'extrême gauche, présidé par Cantagrel, se réunit et discute de ce discours, pour le moins violent, qui qualifie d'exécution le meurtre de Watrin et invite le gouvernement à imposer par la force les doléances des mineurs. L'heure est grave. À Decazeville, les arrestations se succèdent, à la demande du directeur de la Compagnie... La reprise de la grève est imminente.

Laguerre, Wickersheimer et Camélinat sont du côté de Basly. Rochefort-Luçay, Maret et surtout Clemenceau protestent vivement, d'autant que Freycinet, président du Conseil, et Baïhaut, ministre des Travaux publics, se sont déclarés disposés à agir en faveur des ouvriers.

Basly leur a lu son texte. Ils l'ont écouté sans l'interrompre. Parmi les doléances des mineurs, il y a l'exigence d'un salaire minimum, la remise en liberté des personnes arrêtées et la mise en accusation des directeurs et administrateurs de la Compagnie. Rochefort-Luçay est accablé, Clemenceau furieux.

« Basly, commence Rochefort-Luçay, vous êtes encore sous le coup d'une émotion que nous comprenons. Certes, mieux vaut pécher par excès de sympathie et de dévouement que par excès contraire… »

La vie lui a appris la pondération. Sous l'Empire, Rochefort a été poursuivi et emprisonné pour certains articles publiés dans *La Marseillaise*. Tout juste sorti de prison, il est devenu membre du gouvernement de la Défense nationale. Après la Commune, il a été déporté en Nouvelle-Calédonie, d'où il s'est échappé. À la faveur de l'amnistie pour les communards, de retour en France, il a alors fondé *L'Intransigeant*, dont il est encore le rédacteur en chef, avant d'être élu député.

« Mais, n'y a-t-il pas quelque imprudence dans les circonstances actuelles à porter de telles revendications devant la Chambre ? Que vous revendiquiez hautement l'exécution des promesses de la Compagnie, que vous invitiez le gouvernement à y tenir la main par tous les moyens en son pouvoir, que vous démasquiez les vices et les iniquités du régime minier, il n'y aura qu'une voix parmi nous pour vous en louer et pour vous soutenir. Mais... »

Clemenceau le coupe. Il réprouve le terme *exécution* et ne saurait accepter certaines parties de l'ordre du jour. Le minimum des salaires, c'est du communisme pur ! Il n'admet pas cette doctrine. C'est là un sentiment très partagé, que *L'Aveyron républicain* traduira d'ailleurs à sa manière : « *Décréter un minimum de salaire serait organiser une prime à la paresse et amener fatalement les patrons à rogner le gain du laborieux pour aider à celui du fainéant.* » Puis Clemenceau enchaîne :

« Quant à la question de la remise en liberté, il importe de savoir auparavant si les individus arrêtés sont ou non coupables ! Je n'admettrai pas que lors même que les réclamations des mineurs seraient fondées, personne puisse se faire justice soi-même ! »

Si les échanges sont aussi vifs en coulisse, au sein même de l'extrême gauche, qu'en sera-t-il à la Chambre ? Maret s'oppose à son tour :

« C'est parce que nous sommes l'ami de l'ouvrier que nous répugnons à des aspirations pernicieuses, contraires à ses véritables intérêts... »

Basly écoute, patient. Puis Wickersheimer prend la parole, ce qui revient à aller à son secours :

« Il ne faudrait pas oublier l'essentiel. Les ouvriers veulent un marchandage loyal et raisonnable du travail, la liberté de l'association assurée et passée dans les faits, car actuellement tout ouvrier syndiqué est suspect et tracassé, et enfin une plus large et plus équitable organisation des caisses de secours et de retraites... C'est à la Compagnie qu'il appartient de faire la pacification complète par la ratification de concessions qui n'ont rien d'excessif. »

Basly trouve là l'occasion de reprendre la main :

« Les ouvriers ont repris le travail car ils avaient confiance dans la parole du préfet Dumesnil, sur lequel s'acharnent les journaux réactionnaires. Or, nous savons maintenant que la Compagnie a l'intention d'éluder les engagements pris en son nom. S'il en est ainsi, toutes les violences seront à redouter. La Compagnie expose l'Aveyron à de nouveaux massacres. »

Enfin, arrive le grand jour. La Chambre est pleine et houleuse. Raoul-Duval s'en est déjà pris vertement au gouvernement. Edgar Raoul-Duval, le député de l'Eure, pas l'autre, le frère Fernand, le vice-président de la Compagnie des Houillères & Fonderies de l'Aveyron. Il est de ces collusions.

Basly monte à la tribune et sans précaution oratoire taille immédiatement dans le vif.

« Lorsque j'ai demandé à interpeller le gouvernement sur les événements de Decazeville, la situation était très grave, une nouvelle explosion était à redouter. Cette explosion est toujours imminente. Mais la Compagnie a mis ses exactions sous la protection des baïonnettes. Comme les brigands, c'est à main armée qu'elle opère… »

Aussitôt, c'est un tollé à droite. Jolibois accuse Basly d'improvisation, un autre député le prie de garder son sang-froid. Basly s'excuse :

« Je n'ai pas été à l'école. Je n'ai pas appris à bien faire au Parlement !

– Nous ne sommes pas ici, lui renvoie La Martinière, pour compléter votre éducation ! »

Brouhahas. La voix de Freycinet s'élève durement :

« La Chambre sera indulgente pour ce qui relève de l'inexpérience. Mais s'il s'agit de scandales prémédités, je ne le supporterai pas. »

Approbations à droite. À gauche, on se tient relativement tranquille. Basly ne se démonte pas. Aller au charbon, cela le connaît.

« Le gouvernement n'a pas dû tenir compte des avertissements qui lui étaient adressés et il est responsable de ce qui est arrivé. Les mineurs ne sont payés de leur mois de travail qu'à l'expiration du suivant, ce qui ne leur permet pas de se soustraire au joug de la Compagnie. Watrin, par les réductions injustes de salaires qu'il opérait, se rendait coupable vis-à-vis des ouvriers de vol et d'escroquerie… »

À ce train-là, Basly va chauffer la Chambre à blanc. Malgré la colère irrésistible, il enchaîne :

« Quant aux fameuses sociétés coopératives… »

Aussitôt, à ces mots, Laur le coupe :

« C'est là la faute de la Compagnie de s'être occupée d'améliorer le sort des ouvriers ! »

Laur semble y croire. Francis Laur, pas Joseph, l'ingénieur en chef de l'État. La confusion serait possible car Francis Laur est aussi ingénieur, ancien élève à l'école des mines de Saint-Étienne. Il vient d'être élu député de la Loire. Basly essuie ses paroles d'un geste.

« Les sociétés coopératives ne servent qu'à réduire encore le salaire des ouvriers. Je le sais bien. J'ai travaillé dix-huit ans dans les mines. Lorsque l'ouvrier demande une augmentation, la compagnie lui rappelle que, grâce aux coopératives, les ouvriers boivent encore du vin et mangent du chocolat ! »

Vives interruptions.

« Le conflit qui a coûté la vie à un ingénieur a été plus que motivé ! »

Vives interruptions et cris d'indignation. Raoul-Duval, Edgar, demande la parole, en vain. Basly poursuit :

« Les dividendes attribués aux actionnaires ne profitent pas aux ouvriers quand ils s'élèvent. Leur abaissement ne peut pas être une cause de réduction des salaires. On diminue les salaires des ouvriers. Diminue-t-on la ration des chevaux employés dans les mines ? Le gouvernement accorde aux capitalistes les concessions de mines, c'est donc lui qui est responsable.

– Allons donc ! explose un député.

– Un homme a été tué. Il s'était attiré la haine de toute la population… Oui, il avait affamé le peuple. Il avait ôté le pain de la bouche des femmes et des enfants ! »

Personne ne pourra arrêter Basly. Il devait être un ardent mineur ! Freycinet intervient à nouveau :

« Les hommes qui ont commis le crime dont vous parlez appartiennent à la justice. Un meurtre est toujours un crime abominable et je ne permettrai pas qu'on essaie d'en faire l'apologie. »

Vifs applaudissements à droite et à gauche. Basly admet, comme un cheval tâterait l'obstacle afin de mieux le sauter :

« Je n'approuve pas ceux qui se font justice eux-mêmes, mais il faut cependant qu'il y ait une justice ! Le garde des Sceaux n'a pas réprimé les exactions de Watrin. Il a laissé passer la justice populaire !

– Monsieur Basly, je vous rappelle à l'ordre !

– Il s'agit là de vengeance personnelle. La colère d'une foule outragée n'est-elle pas aussi légitime ?

– Basly, je vous rappelle à l'ordre pour la seconde fois.

– Quand toute une population indignée, révoltée, écrase celui qui l'a torturée et affamée, n'a-t-on pas le droit de lui dire : Laissez passer la justice populaire ?

– Ce sont là, s'indigne Freycinet, des pensées qui peuvent être personnelles, mais que vous n'avez pas le droit d'imputer à une population.

– Les faits signalés constituent de la part des exploiteurs une série d'attentats punis par le Code pénal. Pourquoi le Code pénal serait-il seulement invoqué contre les ouvriers de Decazeville ? Ils étaient dans le cas de légitime défense. Vous ne pouvez pas les considérer comme des assassins. »

Des bancs à droite comme à gauche vont finir par prendre feu. Kersauson lance :

« Les assassins, ce sont les meneurs ! »

Et un autre député s'écrie :

« Comme vous !

– Des meneurs comme moi ? Vous voulez dire des dévoués, comme moi, à la cause des ouvriers ?

– C'est grotesque !

– Basly, je vous rappelle à l'ordre... »

Basly tient bon. Il termine sur les revendications, entre autres : la paie à la quinzaine, la suppression de l'économat, un minimum de salaire (il a tenu bon, oui), la journée de huit heures et faute de quoi on appliquera certaines dispositions de la loi du 21 avril 1810. Il invite en outre le ministre de la Justice à ordonner la mise en liberté des personnes arrêtées !

Basly a chauffé la Chambre jusqu'à l'incandescence. Il descend de la tribune. Baïhaut, ministre des Travaux publics, demande le silence, qui tarde à venir. Enfin, il peut s'exprimer :

« Je m'explique vos écarts de langage par ce fait que votre carrière ne vous a pas préparé aux luttes parlementaires... »

Quelques ricanements étouffés à droite.

« Mais je m'étonne, si ces théories sont les vôtres, que vous soyez entré dans un parlement dont la mission est de substituer aux actes de violence le calme et la majesté des lois... »

Vifs applaudissements.

« Joseph Laur, notre ingénieur en chef, a fait son devoir. Le gouvernement est intervenu dans un intérêt d'apaisement, et il essaie maintenant de faire disparaître les causes du mécontentement... La Compagnie promet de payer désormais des acomptes de quinzaine et de renoncer à la société coopérative. Mais la principale cause des douloureux événements de Decazeville est dans la mauvaise situation de la Compagnie qui n'a distribué, depuis neuf ans, que peu de dividendes. En outre, les tarifs de chemins de fer ne permettent pas de transporter sur Bordeaux les houilles de l'Aveyron... »

Toujours la même histoire... Et les interventions se succèdent. Wickerscheimer ne veut pas qu'on se méprenne :

« Je me sépare absolument de ceux qui qualifient d'exécution le meurtre de Watrin, mais il faut savoir prévoir, il faut entrer dans la voie des réformes sociales… La loi de 1810 est contraire à tous les principes du droit public.

– Très bien ! » s'exclame-t-on à l'extrême gauche.

Et c'est, à nouveau, au tour de Raoul-Duval, Edgar, dont le frère Fernand doit attendre impatiemment le compte rendu de séance :

« La véritable question n'a pas été posée. Un pareil assassinat ne peut pas être traité dans un parlement comme on traite une question d'affaires dans une société d'actionnaires. Le sang a coulé dans les conditions les plus abominables… La force armée était consignée dans les casernes. »

Vifs applaudissements à droite. Grognements à gauche.

« Le maire, pourtant médecin, n'a pas même offert ses soins au blessé. Il se promenait avec calme, revêtu de son écharpe, en contemplant le spectacle ! Les magistrats, eux, étaient au rez-de-chaussée quand on frappait Watrin au premier… On m'a refusé communication du rapport de gendarmerie. Pourquoi ? Car ce crime odieux a été commis parce que la gendarmerie était consignée par ordre supérieur ! »

Vifs applaudissements redoublés à droite.

« Si l'on veut faire quelque chose pour la population ouvrière, il faut lui parler de ses devoirs en même temps que de ses droits ! »

Sarrien, ministre de l'Intérieur, ne peut laisser passer ces accusations. Le général Boulanger, ministre de la Guerre, lui, ronge son frein.

« Je déplore comme vous ce crime. Je condamne ceux qui en font l'apologie. Mais le récit des faits démontre qu'il n'y a rien à reprocher au gouvernement. Une seule dépêche, rédigée par Watrin lui-même, est parvenue au préfet, à 8 h 45 du matin, elle est ainsi conçue : *Je vous informe que ce matin, mardi 26 janvier, 200 mineurs de Palayret ont été arrêtés à l'entrée de la mine. Mouvement grève n'est pas généralisé.* » La veille, Watrin écrivait à Petitjean que tout était calme à Decazeville… »

Sarrien marque une pause et son regard court sur la Chambre comme s'il voulait qu'elle se pénètre bien de ses paroles.

« Le maire a prévenu l'autorité préfectorale. Aussitôt, le préfet a fait appeler Joseph Laur, qui se trouvait à Rodez, pour qu'il se rende sur les lieux et examine la situation… Si j'ai bien compris la pensée de Raoul-Duval, à la seule réception d'une dépêche, il aurait été du devoir de l'administration de recourir à la force armée et d'envoyer des troupes à Decazeville. Eh bien ! Messieurs, je ne le crois pas ! »

Clemenceau est resté tout ce temps sur sa réserve, et soudain il s'exclame :

« Très bien ! Très bien !

– La grève est un droit légal, reprend Sarrien, un droit reconnu par la loi, et le gouvernement n'a le droit d'intervenir que lorsque l'ordre est troublé, lorsqu'il est porté atteinte à la liberté du travail, lorsqu'il y a danger de désordres imminents... »

Sarrien planterait des clous qu'il n'exprimerait pas plus fermement sa conviction.

« L'administration préfectorale ne peut être attaquée, comme ne peut être attaqué le maire Cayrade. Il a tenu aux mineurs un langage que monsieur Raoul-Duval ne peut qu'approuver. Il leur a dit qu'ils n'obtiendraient rien par la force, que c'était mal servir leur cause que de recourir à la violence... Il est facile, après coup, et à distance, de condamner un maire et des fonctionnaires... La vérité c'est qu'ils ont payé de leurs personnes, qu'ils ont été bousculés, frappés, qu'ils ont eu leurs vêtements déchirés et couverts de sang, qu'ils ont fait les efforts les plus héroïques pour sauver Watrin ! La Compagnie...

– Je ne suis pas la Compagnie ! s'indigne alors Raoul-Duval.

– Certes... La Compagnie reproche à Cayrade de n'avoir point fait appel à la gendarmerie ! Eh bien, oui, je le reconnais, il a trop compté sur son influence auprès des ouvriers. Mais je ne suis pas convaincu que la gendarmerie même eût pu sauver Watrin ! Je crains que Raoul-Duval ne soit pas précisément impartial. Je crains que dans les accusations qu'on porte contre Cayrade avec tant de véhémence, on ait surtout pour but de chercher à se débarrasser d'un adversaire politique ! On accuse Cayrade parce qu'il est le premier maire républicain de Decazeville ! »

Vifs applaudissements à gauche. Exclamations diverses et variées à droite. Un député jette avec ironie :

« Cela leur fait honneur, aux maires républicains ! »

Sarrien chasse le trait d'un revers de main.

« Que dire maintenant de l'attitude des employés de la Compagnie ? Les faits se passaient dans la propriété même de la Compagnie, sur un terrain qui lui appartenait, dans ses bâtiments. Pas un employé ne s'est montré. Pas un n'est venu au secours de son chef. »

Le général Boulanger se lève ensuite :

« Comme je viens d'être mis en cause par Raoul-Duval, je crois devoir dire que je ne suis pas autorisé à apporter ici de rapport d'un inférieur à son supérieur. Mais je peux affirmer que les gendarmes ont eu une action irréprochable. »

Raoul-Duval, Edgar, pas le frère Fernand, qui doit se manger les doigts à force d'attendre, insiste :

« Le gouvernement n'a pas fait intervenir la force armée. »

Les clous ne pénètrent pas, à croire, dans toutes les planches.

« Sa conduite est coupable et scandaleuse. Le pays jugera ! »

Freycinet ne veut pas en entendre plus. Il reprend fermement le contrôle :

« Je dis, messieurs, que cette émeute constitue un accident qu'il a été impossible d'éviter et que personne n'eût pu empêcher. Mais j'ajoute que cette émeute a été apaisée en vingt-quatre heures par l'intelligence, les soins et les efforts du préfet de l'Aveyron. Je dis que cette grève redoutable a été calmée, qu'un conflit sanglant a été évité et que ce n'est pas dans ces conditions qu'on peut accuser l'administration préfectorale et le gouvernement d'avoir manqué à leurs devoirs. Le gouvernement républicain, s'il est un gouvernement libéral, est parfaitement décidé à ne jamais tolérer le désordre dans la rue. Il a la ferme résolution de le réprimer, parce que l'ordre est la condition même de la liberté. »

Le président du Conseil a le dernier mot. Fin de séance.

Chapitre XI

LE FEU AUX POUDRES

Encore des arrestations ! Et quand ce n'est pas de nouvelles condamnations pour voies de fait à Villefranche, c'est le procureur de la République qui se transporte à Decazeville pour d'autres interrogatoires. Ainsi les inculpations se succèdent. Au passage, on arrête quelques femmes.

Les ouvriers restent calmes, nous dit le plumitif local, attendant la réalisation des promesses faites. *« Cette sagesse restera-t-elle à l'épreuve d'une paie qui réservera certains mécomptes ? Nous l'espérons, car l'ouvrier sait quelle sollicitude puissante il a éveillée, et il a connu que ses intérêts sont en énergiques mains. Il patientera. Ce qui est pour l'instant fâcheux, c'est que la justice traîne son action et procède par arrestations partielles, et à plusieurs jours d'intervalle. Cela va-t-il durer ? L'effet sur la population ouvrière est déplorable. »*

L'instruction s'est pourtant poursuivie sans répit. Elle a été confiée à un homme d'expérience, mais qui se hâte lentement, selon le mot d'Auguste. Le procureur de la République de Villefranche s'en occupe également. Mais à la vérité, l'instruction est dirigée par Baradat, procureur général de Montpellier, où l'on a pensé un temps que se tiendrait le procès aux assises. Il aura lieu finalement à Rodez.

Le dossier de l'affaire Watrin est déjà volumineux. Il comptera plus de deux cents pièces importantes et le nombre des témoins qui devront être entendus sera très élevé.

Huit individus sont maintenant détenus : Lescure, Bedel, Blanc, Caussanel, Marie Cayla (femme Pendariès), Souquières, Chapsal et Granier. Tous ne sont pas regardés comme coupables au même degré. Lescure, Bedel, Blanc, Caussanel et Marie Cayla sont accusés d'avoir porté des coups à Watrin, tandis que Souquières, Chapsal et Granier sont représentés, par des témoignages très précis, comme ayant précipité Watrin du premier étage où la scène avait lieu – en outre, ils l'avaient auparavant fort maltraité.

Il est assez difficile de faire préciser les actes par les témoins, qui appréhendent d'accuser les amis, des camarades. Dans le tumulte d'un tel événement, il est aussi difficile de se rendre compte avec exactitude de ce qui se passe. Ils étaient mille et plus. D'ailleurs, ne sont-ils pas tous complices du crime qui fut commis ?

Les accusés reconnaissent qu'ils ont pris part aux troubles et même proféré des injures contre Watrin, mais ils nient avoir commis le crime qui leur est imputé. Ils se déclarent *convenables*.

Les événements alors se précipitent. Quatre cent cinquante hommes du 15ᵉ de ligne arrivent à Decazeville. Le bataillon du 81ᵉ qui y séjournait jusque-là se transporte à Aubin, Cransac et Le Gua. Le maire de Cransac s'y oppose mais le préfet fait fi de sa résistance. Il faut occuper le bassin militairement car les ouvriers vont bientôt toucher leur paie et on peut craindre de nouveaux troubles…

Il y a cependant de bonnes nouvelles. Un avis est affiché dans tout le bassin houiller de Decazeville :

AVIS

Je suis heureux de porter à la connaissance des laborieuses populations de ce bassin houiller que la Compagnie des Chemins de fer d'Orléans vient de réduire, dans une large proportion, les tarifs pour l'expédition, sur le marché de Bordeaux, des houilles, des agglomérés et du coke provenant des mines du bassin.

Cette réduction avantageuse ne peut manquer d'ouvrir, dans un avenir prochain, de nouveaux débouchés à la production de nos riches gisements.

Fait à Rodez, le 18 février 1886. Le Préfet de l'Aveyron Léon Dumesnil.

Malgré tout, quand la paie arrive, les ouvriers s'aperçoivent qu'aucun d'entre eux n'a été augmenté. Au moins, leur dit-on, aucun n'a été diminué. Et puis, pour leur faire gagner du temps et donc de l'argent, on a transporté le bois pour le boisage sur les chantiers, ce qui est déjà une grande concession, n'est-ce pas ?

Blazy, l'ingénieur fuyard, a été confirmé dans ses fonctions et une affiche annonce une réduction de la benne de charbon gros à 1 franc 70, du charbon menu à 0 franc 75...

Les fenêtres de la direction sont-elles bien fermées ?

Cent cinquante ouvriers délèguent quatre d'entre eux pour parler à Petitjean qui, fort des troupes qui le protègent, leur tient à peu près ce langage :

« Je ne peux accepter vos réclamations, messieurs. Je ne peux élever les salaires car la Compagnie ne fait point de bénéfices. Sur la question du boisage, on paiera aux ouvriers les cadres de boisage qu'ils placeront, mais si on leur paie le boisage, on leur retiendra 10 centimes par caisse de charbon qu'ils extrairont... »

Le préfet Dumesnil est sans doute déjà en train de préparer ses bagages.

Faut-il y voir provocation et malice ? Le 13 février, *L'Aveyron républicain* a commencé à publier *Germinal* en feuilleton, à la une. Le 25, une nouvelle grève éclate, à Bourran, dont Petitjean est le directeur. Bientôt, Basly et Camélinat, accompagnés de Duc-Quercy, du *Cri du peuple*, et de Roche, de *L'Intransigeant*, prendront le train pour Decazeville.

L'AVEYRON RÉPUBLICAIN

Trop souvent, la plus grande partie du mal vient de l'excessive prédisposition de l'ouvrier à se laisser tromper par tous les marchands de panacée, ces fameux docteurs en socialisme, dont l'ignorance et l'outrecuidance éclatent tous les jours dans les réunions publiques qui se tiennent à Paris.

[...] Il convient de flétrir avec indignation les meurtriers de l'infortuné sous-directeur des mines, M. Watrin. Le crime de Decazeville a quelque chose de particulièrement lâche, et comme il a été commis à propos d'une question de salaire et de travail, il peut laisser croire qu'une profonde dépression morale s'est produite dans les mœurs ouvrières. Cependant, il convient de ne faire remonter la responsabilité de ce lugubre évènement qu'à un petit nombre de meneurs, toujours ces meneurs, ces faux-ouvriers, que nous avons vus récemment à l'œuvre dans les grèves d'Anzin et d'ailleurs, et qui ne poursuivent qu'un but : exciter les ouvriers contre le patronat et le capital, afin de conquérir une popularité malsaine.

[...] Jamais peut-être grâce au régime républicain l'ouvrier n'a été armé d'aussi grandes facilités pour la libre discussion de ses intérêts ! Mais il s'est glissé des meneurs, des ouvriers indignes de porter ce nom, qui n'ont pas craint de répandre parmi les travailleurs la calomnie, l'erreur et le mensonge.

[...] La République a donné aux ouvriers la plus grande somme de liberté ; ils ont pour eux l'organisation professionnelle et la fédération des syndicats. Qu'ils en profitent pour discuter pacifiquement leurs intérêts ; mais qu'ils repoussent la colère et la violence ! Nous les en adjurons. Autrement ils laisseront croire qu'ils sont indignes de la liberté.

LA GRÈVE

*« Je l'attendais, cette accusation
d'affamer le peuple et de vivre de sa sueur. »*

M. Hennebeau dans *Germinal*

Chapitre XII

ÇA BARDE !

Est-ce le signe d'une époque incertaine, d'une République fragile ? Jaurès, fraîchement élu à gauche, a trouvé d'une choquante et inutile violence le discours de Basly. Dans tous les scrutins, Jaurès votera pour le gouvernement et pour la Compagnie. Il se justifiera plus tard : *« Lorsque les ouvriers de Decazeville eurent tué l'ingénieur Watrin, Basly, novice encore à la politique sociale, portait à la Chambre une déclaration rédigée par les hommes du* Cri du peuple*, qui contenait presque un commencement d'apologie anarchiste du meurtre, bien plus que la revendication du droit ouvrier et l'affirmation de la pensée socialiste... »*

Et le Pont-Neuf ? Le scaphandrier descend à nouveau dans le fleuve glacé. Il faudra élever un vaste caisson autour de la pile malade, puis évacuer l'eau avant de consolider et maçonner au sec. Pour l'instant, trop d'eau et de courant. Coule la Seine... Le scaphandrier est descendu, descendu...

De la France au Congo, il n'y a pas grand-chose à dire. C'est où, le Congo ? La France se promène aussi en Grèce, à Madagascar et aux Comores. Ça coûte cher...

Et plus près ? Ça barde ! Des troubles à Londres et à Liège. Cinq mille grévistes aux portes de Charleroi. Le peuple ouvrier gronde toujours, plus que jamais. Les idées socialistes se propagent. L'Internationale ouvrière est en marche. La troupe est nécessaire partout. D'autres charbonnages, en République française, se mettent en grève. Marchiennes... N'est-ce pas dans ce coin-là que Zola s'est documenté pour son *Germinal* ? Un agitateur, Zola ! C'est peut-être bien de sa faute !

Les preuves de solidarité pour les mineurs de Decazeville sont plus nombreuses que les jonquilles au printemps, qui est encore loin, plus encore pour ceux qui ont froid et faim. Des souscriptions, un soutien conséquent décidé par le Conseil de Paris, des spectacles, des meetings. Louise Michel prononce un discours. « *Nous étions endormis, le coup de canon de Decazeville nous a réveillés...* La Marseillaise *souffle dans l'air. Le peuple se prépare, une fois encore, à sauver le monde... Honneur aux mineurs...* » Louise Michel le paie de quatre mois de prison.

De toutes les façons, on se lève pour les mineurs. Au théâtre du Château-d'Eau, on joue *Le Chiffonnier de Paris* de Félix Pyat. Entre deux actes, Antide Boyer, député des Bouches-du-Rhône, féroce anticlérical, fait une allocution. L'engagement n'est pas simple posture pour cet homme-là. Il se prénommait Antoine-Jean-Baptiste. Un peu long et religieux. Il voulut en changer. Il choisit *Anti Deus* mais l'état civil le lui refusa. Soit ! Ça sera Antide !

Et Félix Pyat ! Un autre personnage, comme seul le XIXe en voit naître. Avocat comme son père, il s'est lancé en politique. À la fin de la Restauration, lors d'un banquet, hardi comme pas un, il a porté un toast à la Convention nationale, et remplacé le buste de Charles X par celui de Lafayette. Il a écrit dans *Le Figaro*, dans *Charivari*. Sa vie est une épopée ! Comment un tel homme peut-il un jour tomber dans l'oubli ? En 1848, le gouvernement provisoire le désigne commissaire dans le Cher, où il est élu député. À l'Assemblée, s'opposant à Thiers et à Tocqueville, il s'illustre par un discours sur le droit du travail. Il s'oppose aussi à l'élection de Louis-Napoléon Bonaparte, trempe dans l'émeute de juin et c'est l'exil : la Suisse, Bruxelles, et Londres où il fonde La Commune révolutionnaire. Il revient en France vingt ans plus tard. En 1870, il appelle à l'insurrection et puis repart. Après la proclamation de la République le 4 septembre, il refait le voyage. Il crée alors des journaux très vite interdits. Pendant la Commune, Pyat participe au comité de salut public. Il ne joue aucun rôle fâcheux dans la semaine sanglante mais c'est à nouveau l'exil, jusqu'à l'amnistie de 1880.

Il sera alors sénateur du Cher, puis député des Bouches-du-Rhône. À part tout cela, il a écrit des pièces de théâtre. *Le Chiffonnier de Paris* est un drame en douze tableaux qu'il a créé en 1847. Zola n'est sans doute pas le seul fautif.

Et pendant ce temps-là, rue Gramont, au siège parisien des Houillères & Fonderies de l'Aveyron, on fait des fiches. On s'appuie sur des colonnes de chiffres. On radote, on complote et on chipote. Pour éviter les fuites, on applique, selon le vœu de Say, un langage codé pour les dépêches. Voilà ce que ça donne :

```
Petitjean
2266 8820 8364 0501 0258 3089 2968 2926
4950 0792 2806 9982 7143 2926 SIX
4654 5498 2217 CINQ 4133 2926
2806 6016...
Signé Duval
```

Tiens, Duval ne s'appelle plus Raoul, par souci d'efficacité sans doute, mais l'on apprend qu'il est le numéro CINQ. Et Deseilligny le SIX.

Bien malin qui pourrait comprendre le message, en l'absence du document de référence, secrètement partagé, auquel se rapportent ces alignements de numéros. Les administrateurs eux-mêmes s'emmêlent et n'y comprennent rien parfois. Souvent, il leur faut une confirmation. Ils s'échangent des confirmations. Là, la traduction est simple :

> Petitjean
> Conseil réuni répond à vos deux dernières dépêches
> et approuve sur tous les points dépêches Deseilligny
> d'hier lettre confirmation Duval et dépêche
> de ce matin…

La suite est chipotage sur le prix du charbon gros et menu. Un sou est un sou.

Le secret des grandes fortunes est un crime oublié, nous dit Balzac, parce qu'il a été proprement fait. Ici certainement le crime de maltraiter les ouvriers pour remplir les poches des actionnaires.

Chapitre XIII

PAS D'AUTRE CHOIX

Nous imaginons bien la colère rentrée, et c'est beaucoup d'effort, ainsi que le sentiment d'être méprisés.

Bien sûr, il en est pour les comprendre. Basly. Qui mieux que lui le peut ? Et puis le préfet, Dumesnil, devant lequel ils se tiennent, plantés là comme les pieds de pommes de terre qui les sauveront peut-être, mais ce n'est pas encore le temps de la récolte, et il n'y en aurait pas pour tout le monde, ça serait terrible que la grève dure aussi longtemps.

Ces quatre-là, qui ont déjà eu le toupet d'aller parler à Petitjean, ou d'autres, qu'importe, ont été choisis par les camarades. Ils n'en ont pas moins du courage. Car il en faut pour risquer d'avoir plus faim encore. Courage aussi parce que la mort de Watrin pèse plus qu'ils ne l'avoueraient sur la conscience, et qu'à cause d'elle il est une retenue à laquelle ils s'obligent. Courage parce que la soldatesque est partout dans le bassin, et malgré certaines fraternisations ils sentent la pointe des baïonnettes sur leur échine jusque dans le sommeil.

Ils sont de ce pays que l'on dit perdu, l'un des plus sauvages et des plus arriérés de France. Dans ces cervelles massives, raconte *L'Illustration*, dans ces esprits qui ne sont pas encore ouverts, quand la colère a pénétré, les violences ne sont pas loin.

De la colère, certes. Mais ils ne veulent plus de violence. Ils veulent seulement que la Compagnie les traite dignement. C'est beaucoup demander.

Dans le respect de la haute autorité en laquelle ils continuent de faire confiance, casquette ou chapeau à la main, ils sont debout face au préfet compatissant, et enfin l'un d'eux se lance :

« Nous ne voulons pas vous enlever la messe, monsieur le préfet. »

Arriérés peut-être, mais polis. Dumesnil le sait bien, qu'ils n'ont rien contre lui. Il est de leur côté et l'a montré par des actes fermes. Malgré une apparence de grand calme, il fulmine contre la Compagnie qui ne cesse de le mener en bateau. Les délégués ne savent pas tout. Dumesnil a parfois l'impression d'être seul au pied d'une muraille qui menace, et qu'il lui faudrait la force d'un colosse, comme celui qu'il a vu un jour sur le marché de Rodez, pour l'empêcher de s'écrouler.

Les délégués ignorent que le conseil d'administration de la Compagnie s'est réuni en urgence et a pris une résolution que Léon Say a signée sans état d'âme. Dumesnil a lu et relu l'avis, n'en croyant

pas ses yeux. « *Les ouvriers qui ont quitté leurs chantiers depuis que les affiches relatives au boisage et aux payes ont été apposées sont prévenus qu'ils sont considérés comme ayant cessé de faire partie du personnel de la Société. Leur réadmission individuelle ne pourra être prononcée, s'il y a lieu, que par le conseil d'administration, sur une demande d'embauchage faite par chacun d'eux.* »
Et le pire, c'est que l'application de cette résolution a été confiée à… Blazy. On ne voudrait pas mieux la guerre ! Heureusement, l'avis a été porté à la connaissance du ministre Baïhaut, qui aussitôt lui a télégraphié d'en interdire la publication, et Petitjean s'est conformé à cet ordre.

Il n'en demeure pas moins qu'ils arrivent les uns après les autres à Decazeville, ces bonnes gens de la Compagnie. Raoul-Duval, Fernand, vice-président, et Deseilligny, Schneider et de Bammeville, administrateurs.

« Messieurs… Sachez que comme vous je n'ai pas faibli dans ma résolution à nous sortir de cette triste situation…

— La Compagnie se moque de nous, monsieur le préfet… »

Les délégués ne diront rien qu'il ne sache déjà. Mais si les mots peuvent éviter les coups de poing.

« Nos réclamations n'ont pas changé… Et voilà qu'on nous annonce le retour de l'ingénieur Blazy, et on n'en veut plus… »

Dumesnil avait soumis cette revendication à Petitjean, il y a presque un mois déjà, et obtenu la promesse de la transmettre à la direction.

« Avant, les bois nécessaires au boisage se trouvaient fort éloignés des galeries, *au plateau des Bois*. Quand on était à Combes ou au Paleyret, on perdait beaucoup de temps... On a demandé que les bois soient rapprochés et que le boisage soit payé... »

Les délégués sont convaincus de leur bon droit. Leurs arguments ont été entendus par leurs soutiens mais il leur faut les répéter encore, moins pour se faire bien comprendre que pour montrer que s'ils obtiennent satisfaction, si la Compagnie les traite enfin avec justice, la grève s'arrêtera, plus rien ne s'opposera à ce que le travail reprenne.

« L'État nous a compris... C'est bien pour nous... Nous devons ce résultat à l'État, pas à la Compagnie ! »

Dumesnil hoche la tête.

« On ne court plus les mêmes dangers... Avant, on risquait notre vie à cause d'un boisage insuffisant. On ne voulait pas perdre de temps à aller chercher des bois au plateau des Bois... »

L'homme qui parle s'appelle Carrié. Il est très calme ainsi que Basly lui a conseillé d'être. Ils ont Basly avec eux. Ça donne de la force. Il se tait quelques secondes et Dumesnil l'encourage à poursuivre.

« Continuez, mon ami...

– Mais ça ne va pas... Le boisage est payé à part et la Compagnie en profite pour réduire le prix des bennes...

– D'après la Compagnie, coupe Dumesnil sans conviction, l'augmentation résultant du prix du boisage et la réduction opérée sur le paiement des bennes ont été calculées de manière à maintenir le taux du salaire au chiffre ancien.

– C'est pas vrai, monsieur le préfet... Nous, on peut extraire huit bennes par jour, une benne de charbon gros et sept bennes de charbon menu... La diminution de 10 centimes par benne nous prive de 80 centimes par journée... Le boisage est maintenant payé mais quand on boise on ne remplit pas de benne, et un cadre est payé 75 centimes... Dans les endroits où il ne faut pas de boisage, on subit une perte sèche de 10 centimes par benne... Dans tous les cas, on y perd carrément... »

Dumesnil pense que la Compagnie a estimé en outre à une heure le temps qui était perdu dans le voyage des chantiers au plateau des Bois, et de là aux chantiers, et en conséquence à 43 centimes le taux moyen de salaire pour ce temps perdu. La Compagnie prétend dès lors que cette amélioration constitue un sérieux avantage pour les ouvriers.

La Compagnie ! Être du côté de l'ouvrier serait aisé si en haut lieu il n'y avait à favoriser certains liens et intérêts.

Dumesnil se lève de la table qui lui sert de bureau à l'hôtel Derruau et marche jusqu'à la fenêtre. C'est un temps affreux. Dans un décor qu'une pluie glacée rend lugubre, les troupes fendent une foule immense. Un détachement de dragons est parti en reconnaissance du côté d'Aubin. Cent vingt hommes du 2e génie sont arrivés, ainsi qu'un escadron du 17e. Beaucoup de militaires et leurs chevaux sont logés dans les écuries des hôtels et de quelques propriétaires de la ville. À Toulouse, un bataillon du 83e de ligne se tient prêt. La guerre !

« Et puis il y a Blazy... »

Dumesnil comprend l'exaspération des ouvriers devant cette nouvelle provocation. Blazy, toujours Blazy ! S'il pouvait l'étrangler celui-là ! Ou le jeter par la fenêtre ?

« Nous avons demandé son renvoi définitif, et la Compagnie le réintègre dans ses fonctions. Nous avons demandé le paiement du boisage, à part, et elle le calcule de manière que notre salaire est réduit. Nous avons demandé le paiement par quinzaine, et il ne nous est pas formellement accordé. Alors... »

Dumesnil arque un sourcil, se détournant du spectacle de la rue.

« Alors si nous n'avons pas obtenu satisfaction ce soir, dernier délai, nous empêcherons le service de garde des feux... »

Il s'agit là, pour le moment, du plus grand sujet d'inquiétude. Toujours ces feux aussi ! Dumesnil a pris un arrêté mettant la Compagnie en demeure d'assurer le service de garde, sinon il sera assuré par l'État. La Compagnie a répondu qu'elle garantissait l'entretien de la mine au moyen de son personnel, ses employés et ses contremaîtres, elle a juste demandé que ces derniers soient protégés, ainsi que le matériel, contre toute violence.

Faut-il que de la mine la Compagnie ne connaisse bien que les bénéfices qu'elle en retire !

Ce service des feux doit être fait par des ouvriers spéciaux, qui en ont grande habitude. Il s'agit de trimer à près de cent mètres sous terre, dans un milieu délétère. La température est suffocante et les hommes travaillent parfois entièrement nus. Là-haut, à Paris, ils n'ont aucun bon sens. Il y aurait bien les soldats du génie. Mais Dumesnil doute que l'autorité militaire consente à ce que le travail soit effectué à nouveau par des soldats, ce qui, d'ailleurs, ne rassurerait pas la population.

C'est la guerre sur un volcan en fusion !

Dumesnil considère les délégués, désolé. Les voyant là tous les quatre, il les voit tous. Les mineurs sont redescendus dans les galeries, il y a un mois, sur les promesses les plus formelles qui leur avaient été faites, à lui, représentant du gouvernement. Ces promesses ont été démenties par les faits, et comment ! La Compagnie s'est montrée plus rigoureuse, plus injuste que jamais. Ses efforts comme ceux de Cayrade ont été impuissants. La Compagnie a commencé par renvoyer un ouvrier, un délégué, qui avait fait preuve pourtant de la plus grande modération. La question du boisage a été résolue *contre* les ouvriers. Et puis Blazy !

Dumesnil se demande de qui la Compagnie se moque le plus volontiers, du gouvernement dont elle méprise les avis ou des ouvriers qu'elle achève d'étreindre sous les menaces et la misère. Les compagnies ont reçu de colossales richesses des mains de l'État, qui leur a concédé l'exploitation des mines à perpétuité. Elles en usent et abusent maintenant contre l'État, et contre les citoyens.

DÉPÊCHES TÉLÉGRAPHIQUES

Decazeville 2 mars, midi.

La situation est toujours très grave. Les nouvelles menaces de la Compagnie prononçant le renvoi impitoyable de tout ouvrier qui ne sera pas rentré à la mine demain a mis le comble à l'exaspération.

L'irritation est grande contre M. Blazy, chargé d'exécuter les nouveaux ordres.

Decazeville 2 mars, 15 heures.

Les délégués viennent d'avoir une autre entrevue avec les autorités, mais on assure que la Compagnie se montre plus inconciliable que jamais. Impossible de prévoir l'issue du conflit dans de pareilles conditions. Aucun incident particulier n'est survenu jusqu'à ce moment.

Decazeville 2 mars, 17 heures.

Les ouvriers sont d'un calme absolu, mais pleins de résolution. L'administration républicaine montre sagesse et fermeté, mais elle est presque réduite à l'impuissance par le mauvais vouloir de la Compagnie. On en est réduit aujourd'hui à considérer comme une solution heureuse l'hypothèse de l'abandon par la

Compagnie de l'exploitation minière qui serait l'objet d'une nouvelle adjudication.

Les affiches et communications de la Compagnie montrent le fâcheux désir de ne pas compromettre les intérêts de quelques capitalistes.

Chapitre XIV

UNE PAROLE MALHEUREUSE

Basly et Camélinat ont voyagé en stimulante compagnie. Ils occupaient le même compartiment que Duc-Quercy, et Roche qui, dans *L'Intransigeant*, ne l'envoie pas dire : « *L'homme qui arrête les passants sur les grandes routes tombe généralement au bout de son troisième ou quatrième meurtre entre les mains de la justice, tandis que le directeur de la Compagnie minière tue impunément, pendant dix, quinze ou vingt ans, des milliers d'ouvriers, non compris les enfants et les femmes, après quoi, au lieu d'échouer sur le banc des criminels, il échoue au Sénat ou à la Chambre des députés.* »

Wickerscheimer s'est-il désolidarisé ? Camélinat désire-t-il juger de la situation par lui-même ? Dans tous les cas, un député en a remplacé un autre.

Sur le quai de la gare, Basly est attendu par le délégué Carrié. Le décor est toujours aussi sombre mais il y a désormais une autre ambiance. Certes, toutes les usines ne sont pas à l'arrêt, les unités de métallurgie fonctionnent encore, et cela durera sans doute tant qu'il y aura du charbon en réserve, mais il y a moins de fumée et de vacarme.

Des soldats patrouillent, et ils ne semblent pas se soucier des députés dont les vêtements contrastent pourtant avec les tenues d'ouvriers. Ceux-là, en revanche, les observent tandis qu'ils remontent la rue vers leur hôtel, s'écartant avec une satisfaction contenue, un espoir raisonnable.

Les bagages déposés, Basly, Camélinat et Carrié prennent, toujours à pied, le chemin de la mairie.

« Cela fait beaucoup de soldats, observe Basly.

– Des renforts arrivent tous les jours, se lamente Carrié. Aujourd'hui même, le 142e de ligne devrait venir de Lodève. Ça fera bientôt deux mille soldats ! Et nous sommes mille cinq cents mineurs en grève…

– Comment la tranquillité ne serait parfaite ! » ironise Camélinat, et ils atteignent déjà la place Decazes.

Des centaines de mineurs se sont pressés devant la mairie. La salle de réunion ne contiendra pas tout ce monde.

« La situation n'a pas évolué pendant notre voyage, n'est-ce pas ?

– Malheureusement non. La Compagnie reste sourde à nos revendications, et pire, elle nous provoque… »

Carrié ouvre le passage. Basly et Camélinat le suivent à travers la cour bondée puis montent la volée de marches en haut desquelles les attend

Cayrade, qui aussitôt les invite à le suivre dans son bureau.

Basly et Cayrade se connaissent bien maintenant. Basly lui présente Camélinat, dont la réputation est grande. Zéphirin Camélinat a eu un rôle insolite pendant la Commune. Catapulté directeur de la Monnaie de Paris, il fit frapper des pièces de 5 francs avec l'argenterie impériale. Exilé à Londres, condamné à la déportation par contumace, il revint finalement en France. Désormais député, Camélinat prône la limitation du travail des enfants, l'aide sociale pour les handicapés et l'indemnisation des accidents du travail.

Le visage du maire est marqué. Il en a lu encore des vertes et des pas mûres dans la presse réactionnaire. Mais surtout il nourrit une inquiétude accrue. Trop de soldats dans sa ville, qui pourrait dès lors devenir le cadre, d'un moment à l'autre, de scènes qu'il n'ose même pas imaginer. La présence de Basly, sinon le rassure, du moins le fait soudain se sentir moins seul. Depuis un jour ou deux, il douterait de Dumesnil, qui certes est lui aussi dans une position inconfortable.

« Vous êtes revenu accompagné ? fait-il sans que ce soit réellement une question.

– Oui, du député Camélinat, mais aussi de Duc-Quercy et Roche…

– … qui sont toujours à tremper leur plume dans le vitriol ? »

Basly et Camélinat hochent la tête, amusés.

« J'ai lu dans *La République française* que les journalistes poussent les ouvriers à la catastrophe... »

Cayrade lève les bras comme pour implorer le ciel et Camélinat demande :

« Où en sommes-nous ?

– Dans le pétrin... La population ne comprend pas ce déploiement de troupes... Malgré la grève, il règne dans la ville le calme le plus absolu... Depuis le 25 février, les mineurs ne communiquent plus avec la Compagnie que par l'intermédiaire du préfet qui, permettez-moi cette trivialité, pourrait se servir de son violon comme d'un pot de chambre... »

Cayrade est trop intelligent pour que, en plus de l'image qui marque l'impuissance du préfet, il n'y ait pas une allusion à la Chambre des députés à laquelle il a appartenu. Le visage de Camélinat s'éclaire d'un sourire.

« La Compagnie n'a pas répercuté la baisse du tarif sur la ligne d'Orléans, n'est-ce pas ?

– Cette affaire, enchaîne Basly sans attendre la réponse de Cayrade, montre toute la rapacité des seigneurs de la houille. Ils commencent par attendrir les pouvoirs publics. Ils obtiennent ainsi toutes les concessions sous prétexte qu'ils ne sauraient lutter autrement contre la concurrence qui les écrase. Puis ils encaissent les nouveaux bénéfices, et ils sont alors en mesure de rogner à leur aise le salaire de leurs ouvriers. »

Cayrade apprécie, c'est bon à entendre, mais cela ne règle en rien la situation.

« La Compagnie a obtenu des tarifs spéciaux afin de soutenir la concurrence des charbons anglais. Elle doit maintenant estimer qu'elle n'a qu'à cesser d'exploiter certaines fosses au rendement devenu faible, et donc au frais d'extraction trop élevé. Or, en pareil cas, il y a un procédé élémentaire dont la Compagnie d'Anzin lui a sûrement donné l'exemple. On cherche des noises aux mineurs. On provoque une grève qui, de toute façon, ne pourra pas être longue. On se débarrasse par la même occasion d'ouvriers, en faisant croire qu'ils ont pris l'initiative de l'arrêt de travail.

– La conduite de la Compagnie, remarque Camélinat, est aussi coupable et peut-être plus dangereuse que celle des meurtriers de Watrin.

– La Compagnie sait ce qu'elle fait, se désole alors Cayrade.

– Et le résultat en sera que les mineurs céderont au désespoir.

– *Ceux que Jupiter veut perdre, il commence par les rendre fous...* »

Basly et Camélinat méditent ces paroles. De l'extérieur ne parvient aucun signe d'agitation ou d'impatience. Néanmoins, Cayrade finit par rompre le silence qui s'est installé entre les trois hommes :

« Les mineurs vous attendent dans la salle de réunion, messieurs. »

La voix de Cayrade ne révèle pas de sentiments particuliers, ni de crainte ni d'encouragement. Son attitude s'explique moins par la résignation que par la fatalité. Il sait que chaque fois que l'on met des branches dans un feu, les flammes grandissent.

Deux compagnies de ligne, baïonnette au canon, sont maintenant positionnées sur la place Decazes. Des dragons parcourent incessamment les abords immédiats de la mairie. Un commissaire s'est même mêlé aux mineurs. Personne ne s'occupe de lui. Ils sont cinq cents dans la salle, en rangs compacts, autant dehors.

Basly et Camélinat grimpent sur l'estrade où se trouve déjà Carrié, qui préside la réunion. Carrié est assisté des mineurs Soubrié, François, Couly et Parrot. Le journaliste Duc-Quercy est dans la salle, tout comme Roche. La réunion a pour but de rendre compte des pourparlers avec la Compagnie et il revient à Carrié de commencer. La situation n'est pas brillante.

« Mes camarades… La Compagnie nous dit que tout ouvrier qui n'aura pas repris son travail demain sera immédiatement renvoyé… »

Une vague de grognements monte aussitôt.

« À toutes nos réclamations, la Compagnie riposte par… »

Carrié veut être précis et sort d'une poche la note qu'il a préparée.

« … par, dit-elle, *l'affirmation catégorique de ses principes absolus en matière de discipline, et par un refus non moins catégorique d'obtempérer* à nos demandes… »

La salle est animée par un nouveau mouvement d'humeur. Une vague après l'autre, la température s'élève.

« Elle entend et exige que Blazy reste à son poste… Elle ne transigera pas plus sur ce point que sur aucun autre… Ni sur les tarifs ni sur le sort des grévistes de 1878…

– On n'y gagne rien alors ! » gronde un mineur.

Basly et Camélinat attendent le bon moment pour réagir. Cette grève, c'est avant tout l'affaire des mineurs. Ils sont là en soutiens. Basly se souvient qu'à Anzin il n'aurait pas apprécié qu'un homme bien mis de Paris vienne lui dicter sa conduite, aussi solidaire soit-il, même un ancien mineur.

« Finalement, continue Carrié, la Compagnie répond qu'elle cessera l'exploitation plutôt que de nous céder !

– C'est du chantage ! crie aussitôt un gréviste.

– Tant mieux ! estime un autre. L'État pourra ainsi répartir la concession entre deux ou trois compagnies et notre situation sera améliorée.

– Oui ! Bravo !

– Il n'est pas question de nous remettre sous la coupe de Blazy !

– La Compagnie a l'air de faire la dégoûtée, maintenant que le gros gâteau est à peu près mangé. À son aise !

— Nos mines sont pièces de cent sous qui valent vingt francs ! »

À chaque intervention, désormais, éclatent les applaudissements et parfois des rires.

« Nos mines, c'est une Californie !

— Laissons venir la liquidation. Si demain nos mines sont nationales, nous assurerons la garde des feux. Nous en avons pris l'engagement ! »

Le préfet en doutait, mais des soldats du génie ont bien été envoyés aux feux, et certains d'entre eux ont été très vite remontés des galeries, à moitié asphyxiés.

Jusque-là, seul Carrié a pris la parole sur l'estrade. Soubrié, qui se tient tranquillement à sa droite, est d'une nature réservée, et surtout pas le genre d'homme à souhaiter le pire à son prochain. Mais qu'est-ce qui lui prend ?

« Nous devrons lutter jusqu'au bout ! clame-t-il soudain. Et s'il en est un parmi nous pour trahir, nous le *watrinerons* ! »

Basly et Camélinat sont décontenancés. Au fond de la salle, le visage du commissaire se fige, son regard se durcit. Duc-Quercy comprend aussitôt le danger d'un tel dérapage et s'élance au pied de l'estrade, réclamant la parole, au risque de faire pire que mieux.

« Il ne faudrait pas qu'on attribue au mot malheureux qui vient d'échapper au citoyen Soubrié une portée qui dépasserait sa pensée et son sentiment... Il tenait seulement à souligner que l'on pouvait avoir toute confiance dans les délégués ouvriers, qui se sont juré d'être fidèles... »

Tandis que Duc-Quercy discourt, le commissaire commence à se frayer un chemin vers l'estrade.

« Comment un ouvrier qui n'a aucune habitude de la parole pourrait-il être assez maître de la phrase et du terme quand on voit l'affolement du gouvernement en présence d'une population aussi calme ! »

Le commissaire n'est pas encore au milieu de la salle. Les mineurs ne font aucun effort pour s'écarter. Basly et Camélinat échangent des regards entendus. Il serait temps d'intervenir.

« Qu'a fait le gouvernement, continue Duc-Quercy, le lendemain d'un acte de justice populaire sur lequel je me suis expliqué dans *Le Cri du peuple*, ainsi que Basly à la tribune de la Chambre des députés ? Il a prêté ses baïonnettes à la Compagnie pour terroriser ses victimes. Le gouvernement est dupe et complice... Mais restez calmes ! On doit dédaigner les provocations d'où qu'elles viennent. Car il ne faut pas fournir aux affameurs l'occasion tant souhaitée de noyer la grève dans le sang des affamés ! »

Rester calme, oui... Basly s'avance sur l'estrade. Il capte aussitôt l'attention de tous, sauf du commissaire qui progresse toujours avec peine. Carrié semble inquiet. Soubrié voudrait être invisible.

« Duc-Quercy, s'il vous plaît... Si nous revenions à l'ordre du jour ? Il faut vous organiser, mes amis. Je peux, si vous le voulez bien, partager mon expérience... »

Basly prône la constitution d'un comité central de mineurs, de comités locaux dans les communes environnantes, qui se réuniront tous les jours... Basly est acclamé. Puis Camélinat enchaîne :

« Quelqu'un annonçait tout à l'heure que la Compagnie allait abandonner les mines. Tant mieux ! Il serait temps que l'outil soit au travailleur, la mine au mineur. Ce n'est pas les mineurs qui ont fait la grève, c'est la Compagnie. Le bon droit est pour les ouvriers ! »

Alors que le commissaire joue des coudes, une motion, proposée par Duc-Quercy, est votée à l'unanimité : *« Les mineurs grévistes déclarent qu'ils sont fermement résolus à rester calmes, en dépit de toutes les provocations. »*

Un instant, le commissaire disparaît entre les bras levés. Basly intervient encore :

« La Compagnie est aux abois. Elle est acculée dans une situation sans issue, de son fait. Elle sera, si cela continue, obligée de céder ou de disparaître... »

Le commissaire est enfin parvenu à l'estrade. Il reprend son souffle, puis s'adresse froidement à Soubrié :

« Citoyen Soubrié, vous êtes en état d'arrestation. »

Chapitre XV

LÉON SOURIT

Léon Say ne regarde pas par la fenêtre les fiacres qui passent dans la rue Gramont. À son vaste bureau, il réfléchit à beaucoup de choses, et sourit.

Léon relit sa déclaration à *L'Intransigeant* : « *Nous ne voyons pas en quoi les assassins de Decazeville mériteraient d'être distingués des assassins qui figurent habituellement sur les bancs d'assises...* », puis il pense à une idée qui a fait son chemin dans son esprit. Il serait sûrement profitable à la Compagnie d'encourager la sœur de Watrin à intenter une action civile à l'égard de Cayrade, qui après tout est responsable de la mort de son frère…

Il sourit, Léon. D'autres idées trottent dans sa tête. Il faudrait par ailleurs répandre le bruit que la plupart des ouvriers reprendraient bientôt le travail, et occuper les employés fidèles de la Compagnie, en qui on peut avoir totale confiance, à embaucher des ouvriers étrangers au bassin.

Il sourit, Léon. Il est allé contre l'ordre de Dumesnil. Son avis, par lequel il annonçait que les ouvriers qui abandonnaient les chantiers ne feraient plus partie de son personnel, a été finalement placardé dans toutes les usines de la Compagnie. La Compagnie est chez elle. Jusqu'à preuve du contraire ! À la suite de quoi, cela ne peut être un hasard, le préfet a été invité par Baïhaut à s'abstenir désormais de participer à de nouvelles négociations, toutes ses démarches étant restées sans effet...

Il sourit, Léon. Il n'a pas besoin de grandes oreilles pour savoir ce qui se joue dans les coulisses du pouvoir. Il a son cousin, Raoul-Duval, Edgar, le député, le frère de Fernand, son vice-président.

À ce moment-là, Gastambide apparaît, les mains remplies de dépêches et de feuilles noircies de numéros, de messages codés à déchiffrer.

Léon sourit toujours, sans que son visage, curieusement, perde en gravité.

« Savez-vous, cher ami, qu'une délégation de l'extrême gauche s'est rendue auprès du ministre des Travaux publics ? Clemenceau, Wickerscheimer, entre autres...

– À quoi cela a-t-il abouti ? »

Il sourit toujours, Léon. Ils espéraient quoi, ces casseurs de fortunes ?

« Ils voulaient étudier les moyens de coercition que le gouvernement possède contre nous... Le gouvernement pourrait prononcer la déchéance de la Compagnie, mais bien sûr il ne le fera pas.

Baïhaut n'a pris aucun engagement. Il a dit qu'il parlerait au Conseil des ministres… »

Gastambide, il en faut bien un, se pose d'autres questions, soit qu'il veuille se faire l'avocat du diable, ou plutôt de ses victimes, soit qu'il ait sincèrement une position moins rude. N'ont-ils pas à craindre une impopularité dont ils ne se relèveraient pas ? La prolongation de la grève ne sera-t-elle pas plus funeste aux intérêts de la Compagnie que les concessions à faire pour rétablir la paix ? Et si un nouvel attentat était commis, si la force publique était obligée d'intervenir, seraient-ils sûrs de ne jamais s'en repentir ? Sans compter que les conséquences d'une émeute seraient redoutables. Tous les bassins houillers pourraient s'embraser.

« Je lis dans vos pensées, lance soudain Léon Say, qui ne sourit plus. Si nous cédons, les ouvriers ne mettront plus de bornes à leurs exigences. Ils se croiront autorisés à contrôler jusqu'au choix des ingénieurs et à fixer eux-mêmes leur salaire. »

Les deux hommes gardent le silence un moment. Gastambide s'use les yeux sur ses listes de numéros. Say résiste à son envie d'aller regarder les fiacres qui passent dans la rue.

« Quelle est la situation, Gastambide ?

– Si je comprends bien la dernière dépêche de Petitjean, la grève n'est pas complète. Les forges, les hauts fourneaux et les ateliers travaillent encore, et aussi le criblage de Paleyret. Mais le travail n'a pas repris aux mines de Bourran, de Combes, de Lavaysse et de Paleyret. Firmy seul travaille un peu. L'extraction de la houille est insuffisante pour l'alimentation des forges. Comme décidé, la Compagnie se pourvoit à Bordeaux de charbons anglais. »

Léon Say pense que la situation pourrait être pire. En vertu de la loi de 1810, l'État pourrait certes intervenir, mais en cas d'arrêt complet du travail. Bon, il veut bien consentir un effort. Même au chien le plus détestable, il faut donner sa pâtée.

« Gastambide, faites annoncer que, fidèle à ses engagements, la Compagnie est disposée à assurer pour lundi le paiement par quinzaine… »

Mon seigneur est trop bon.

« Et croyez-moi ! Nous verrons alors une belle campagne pour l'embauchage ! »

Ce soir-là, à la clôture de la Bourse, un homme tire des coups de revolver sur le public. Une personne est blessée. L'auteur de l'attentat, immédiatement arrêté, déclare qu'il est anarchiste, et qu'il veut punir les capitalistes qui exploitent le peuple.

Chapitre XVI

POUR ATTEINTE AU LIBRE EXERCICE DE L'INDUSTRIE

Duc-Quercy a une longue barbe, une barbe à double pointe qu'il doit écarter pour manger la soupe ou, comme à l'instant, écrire ce message à la femme Soubrié :

« *L'arrestation de votre mari est illégale, la loi de 1880 interdisant l'arrestation préventive des prévenus pour délits de réunion domiciliés en France. Poursuivez immédiatement le procureur de la République.* Le Cri du peuple *fera les frais du procès.* »

Duc-Quercy, en plus de la barbe particulière, surprend par son épaisse chevelure qu'il porte en arrière, comme un chignon.

Paris ne lui manque pas. Ses nuits sont courtes, ses journées pleines. Il lui semble qu'il va main dans la main avec le député Basly, qui parfois emprunte à ses articles, ce qui le flatte, et surtout avec son confrère Roche, de *L'Intransigeant*, le journal de Rochefort-Luçay. Camélinat, lui, est reparti à la capitale, et ils sont désormais à trois de toutes les réunions qui se terminent toujours par un vote à l'unanimité pour la poursuite de la grève. À Decazeville même, à Combes ou à Firmy, les soldats les cernent à chaque fois, armés jusqu'aux dents, comme à Sedan ! Mais jusque-là point de nouveau drame…

La résistance est maintenant organisée. Les comités se réunissent. Les réunions se succèdent. Une commission s'occupe de réunir les souscriptions.

Duc-Quercy est heureux que *Le Cri du peuple* fût parmi les premiers à lancer une souscription pour les mineurs. D'autres journaux ont fait de même. L'argent arrive de partout. Le conseil municipal de Paris a voté (36 voix contre 23) une somme de 10 000 francs *pour soulager les misères,* il reviendra à Cayrade de la redistribuer – le préfet trouve à redire quant à la méthode de distribution mais il faut bien qu'il se rende utile… Duc-Quercy n'est pas juste à son propos. Dumesnil n'a pas démérité. Mais pour quel résultat ? Enfin ! Le conseil municipal de Lyon a suivi l'exemple. Les trade-unions d'Angleterre ont promis 50 000 francs ! *Le Peuple*, organe socialiste de la démocratie bruxelloise, a ouvert une souscription, lui aussi. Les candidats républicains aux dernières législatives dans l'Aveyron ont envoyé 600 francs. Même les petits commerçants de Decazeville s'y mettent, cédant aux mineurs des denrées à crédit. La grève est partie pour durer ! Les mineurs pourront tenir des mois !

Tout irait pour le mieux dans ce pire des mondes si les arrestations ne continuaient. Et il faut croire, songe Duc-Quercy, que les mineurs sont d'une nature fort douce, car malgré tout jamais ils ne se révoltent contre l'autorité. Comme ce jour où Garric, mineur à Firmy, fut emprisonné au motif qu'il intimidait les camarades qui ne voulaient pas abandonner les chantiers. Et quand Soubrié eut cette parole fâcheuse ! Tant de gaillards auraient pu écrabouiller le commissaire décidé à l'arrêter, et qui l'arrêta !

Camélinat doit interpeller le gouvernement sur cette arrestation scandaleuse. Retenu plusieurs heures à la gendarmerie, le délégué Soubrié fut finalement conduit le jour même à la prison de Villefranche.

Duc-Quercy et Basly voyagent-ils ensemble jusqu'à Villefranche ?

C'était il y a déjà une semaine... Court pour une riposte. Mais Maillard, député de la Seine, a offert aussitôt ses services. Ah ! ils veulent ainsi frapper vite et fort !

Le journaliste enflammé du *Cri du peuple* caresse sa double barbe, pensant à Soubrié, à cette arrestation qui a eu un effet déplorable. Car l'homme a la réputation d'être un des meilleurs esprits de la population ouvrière. Faut-il que la coupe soit pleine ! Dans la vapeur de la locomotive qui ralentit en gare de Villefranche, Duc-Quercy aiguise toujours et encore sa plume.

Soubrié comparaît pour atteinte à la liberté du travail, comme Clair et Lafont, arrêtés pour avoir jeté des pierres sur ceux qui travaillent encore au criblage du charbon et menacé de mettre le feu. Garric complète la fournée.

Duc-Quercy et Basly fendent la foule curieuse agglutinée devant le palais de justice. Ils sont les témoins à décharge. Le tribunal est comble. Les débats sont dirigés par le président Loubers. Le siège du ministère public est occupé par Vacquier, procureur de la République.

« François Soubrié, a commencé Loubers, mineur, né en Aveyron en 1855... »

Le public est calme et le restera. La femme de Soubrié est dans la salle. Duc-Quercy lui adresse un regard consolant.

« Vous êtes accusé d'avoir, à l'aide de menaces, tenté de maintenir une cessation concertée de travail, dans le but de porter atteinte au libre exercice de l'industrie, délit puni par l'article 414 du Code pénal... »

Le président revient ensuite sur les faits, puis demande à l'accusé :

« Lors de cette réunion, vous avez dit : *"Si quelqu'un trahit, nous le* watrinerons..." Est-ce exact ? »

Les prévenus sont encadrés par des gendarmes. Soubrié s'est levé, modeste.

« Oui... Pas vraiment... Je ne voulais pas menacer les ouvriers...

– Qui d'autre ?

– Les délégués... Mais je savais qu'aucun ne trahirait...

– Regrettez-vous de vous être exprimé ainsi ?

– Oui, monsieur le président. »

Basly a-t-il encouragé Duc-Quercy à mettre de l'eau dans son vin ? Quand le moment de témoigner vient, le journaliste est on ne peut plus mesuré. Comme Basly, il loue les qualités de Soubrié et s'emploie calmement à atténuer le sens de ses paroles.

Et puis c'est au tour de Maillard. Guillaume Maillard a le port de tête noble mais il siège à l'extrême gauche. Souvent inquiété sous l'Empire, il s'est fait une spécialité de plaider dans les procès politiques, comme en 1871 où il fut l'avocat de plusieurs communards devant les conseils de guerre. À soixante-trois ans, dans sa robe ample, il impose le respect à tous.

Maillard s'appuie sur les témoignages, les bons antécédents de Soubrié, et incrimine bientôt la Compagnie :

« Messieurs, oui, je ferai l'éloge des ouvriers qui, après un moment d'excitation, ont repris leurs travaux, et ne se sont remis en grève que parce que la Compagnie n'a pas tenu ses promesses. Oui, messieurs, j'affirmerai que par son insouciance et son obstination la Compagnie est seule responsable des actes qui ont accompagné et suivi le 26 janvier.

– Les ouvriers, proteste alors Vacquier, ont le droit de se mettre en grève, c'est la loi, nous en convenons, mais on ne saurait tolérer que des violences soient commises. Le ministère public poursuivra tous les délits qui seront perpétrés. »

Maillard ne relève pas, et poursuit :

« Mon client, en employant le terme incriminé, a simplement voulu dire que si un des délégués trahissait son mandat, on aurait droit de le *watriner*. C'est donc une formule de serment et non un terme de menace... En conséquence, je demande l'acquittement. »

L'avocat est subtil. Mais ne faut-il pas faire un exemple ? Le président demande alors à Soubrié :

« Ne regrettez-vous pas la mort de monsieur Watrin ?

– Non...

– Votre honneur ! s'écrie aussitôt Maillard. La question n'a pas été comprise par mon client. »

Un murmure a parcouru le tribunal. Le président fronce les sourcils, puis se répète avec une moue :

« Accusé Soubrié, est-ce que vous regrettez la mort de monsieur Watrin ?

– Oui. »

La Cour ne s'attarde plus. Trois mineurs sont encore à punir. Après les considérants, Basly quitte le palais, suivi de la femme de Soubrié, au bras de Duc-Quercy.

« Attendu qu'il résulte des débats que Soubrié, après avoir encouragé ses camarades à continuer la grève, ce qui était son droit, a ajouté que, si quelqu'un trahissait, on le "watrinerait" ; que ces mots constituent une menace qui tombe sous l'application de l'article 414 du Code pénal.

« Attendu que le délit est caractérisé et que, soit qu'il s'applique à tous les ouvriers en général, soit qu'il regarde seulement les délégués, il justifie une répression ; mais attendu que les antécédents du prévenu sont excellents et que, d'autre part, il a regretté à la fois le propos délictueux qui lui est reproché et les événements du 26 janvier dernier, il y a lieu d'atténuer la rigueur de la loi et de l'appliquer avec modération ;

Le tribunal condamne Soubrié à quatre mois d'emprisonnement. »

Basly et Duc-Quercy fulminent, avec modération…

RUMEURS

Les ouvriers de Cransac embauchés par la Compagnie ont au dernier moment refusé d'aller au travail.

Dix wagons de charbon anglais venant de Bordeaux sont arrivés.

Ce soir une grande réunion privée au café du Commerce sous le patronage de Basly.

L'apologie de l'assassinat de Watrin a été faite par Roche, rédacteur de L'Intransigeant.

Le général Borson a passé les troupes en revue sur la place Decazes.

Le préfet est rentré hier à Rodez.

L'ingénieur de Combes, de Verneuil, très aimé des ouvriers, vient de donner sa démission.

Le XIXᵉ Siècle croit savoir que Roche sera poursuivi pour le discours qu'il a prononcé lundi à Decazeville.

À la réunion de Firmy, Basly a pris à partie très violemment le directeur Petitjean.

Basly a écrit au président de la Chambre pour demander une prolongation de congé.

Firmy pousse sa production, mais les mineurs montrent peu d'empressement.

On a sorti du charbon de Bourran, mais ce charbon provient des éboulements.

Par une lettre, Poubelle, préfet de la Seine, a confié à Cayrade le soin de distribuer aux nécessiteux la somme votée par le conseil municipal de Paris.

La Compagnie essaie toujours d'embaucher, mais pas au prix de 5 francs par jour. On va chercher les ouvriers à la maison. Personne ne se rend à l'appel.

Un wagon en provenance de Perpignan chargé de légumes secs et autres denrées vient d'arriver à Decazeville.

La Compagnie est inquiète. Le charbon anglais n'est pas de bonne qualité.

Chapitre XVII

VIVE LA SOCIALE !

Vifs applaudissements à gauche. Camélinat a pu s'exprimer calmement sur le sort des mineurs, de Soubrié en particulier, bien que l'affaire soit maintenant jugée. Le verdict a produit à Villefranche un sentiment de stupeur. Maillard, avocat et député, est de retour à la Chambre, digne mais ulcéré.

Les applaudissements s'épuisent et le général Boulanger prend la parole. Il gronde :

« Une collision entre les soldats et les ouvriers serait un malheur public. J'ai écouté très attentivement le député Camélinat. Il s'est félicité des rapports de cordialité entre la troupe et les habitants de Decazeville. Il ne peut en être autrement ! Notre armée, c'est la nation. Nos ouvriers, soldats d'hier et de demain, ne peuvent avoir d'animosité contre les soldats d'aujourd'hui... »

À cet instant, Raoul-Duval, Edgar, n'est pas le seul à grogner sur les bancs à droite.

« Le gouvernement, poursuit Boulanger, a voulu non pas exercer une pression sur les mineurs, mais les défendre contre eux-mêmes, contre leurs colères et leurs passions. On a dit qu'il y avait à Decazeville autant de soldats que de mineurs, c'est exagération, mais il ne faudrait pas s'en plaindre, car chaque soldat, à l'heure qu'il est, partage avec un mineur sa soupe et sa ration de pain… »

Sur les bancs à gauche, Clemenceau, Rochefort-Luçay, Hugues ou encore Camélinat préfèrent laisser dire. De toute façon, Montéty, député monarchiste de l'Aveyron, a déjà ironisé :

« Peut-être l'administration, après avoir été absente, a-t-elle voulu jouer un rôle trop actif… Mais l'assassinat d'un ingénieur…

— Tant que la justice n'aura pas statué, s'énerve aussitôt Maillard, on peut parler de meurtre, non d'assassinat ! »

Et sur le fond ? Les choses ont quelque peu avancé. Une commission a été constituée pour entendre les doléances des mineurs. Cela, bien sûr, ne sera pas suffisant.

Laguerre, paisible, a demandé la parole. Freycinet, président du Conseil, lui fait signe, et l'avocat se lève, avec des gestes qui lui sont familiers dans un tribunal, il ne lui manque que la robe.

« Il faut des mesures plus énergiques à l'égard de la Compagnie. Une ferme attitude du gouvernement suffirait pour mettre fin à la grève… »

Grognements sur les bancs à droite.

« Sans faire une loi nouvelle, il serait possible de prononcer dès à présent le retrait de la concession.

Cette mesure serait d'un exemple salutaire pour les compagnies qui usent de coercition envers leurs ouvriers. Si la Compagnie des Houillères résiste aux légitimes exigences des mineurs, appuyées par le préfet de l'Aveyron, le gouvernement doit reprendre la concession et la donner en régie ou l'exploiter lui-même... »

Les bancs à droite se mettent à fumer. Les députés qui les occupent font grise mine. Et Laguerre continue :

« La République ne doit pas chercher d'appui du côté des grandes compagnies, mais bien du côté des travailleurs... La cause des mineurs est celle de la justice et du droit, et la cause de la justice et du droit est celle de la République !

– La Chambre, s'indigne Passy, a mis le pied sur un terrain dangereux. Elle a qualité pour se prononcer sur les intérêts généraux, pour proclamer des principes, non pour juger des intérêts particuliers.

– Le gouvernement, remarque alors Baïhaut, a fait les plus grands efforts pour arriver à une entente amiable entre les ouvriers et la Compagnie...

– La législation minière a besoin d'être réformée, ajoute Freycinet. Les besoins de l'industrie sont différents de nos jours. Que le député Laguerre se rassure : la réforme que nous allons entreprendre sera bien basée sur le droit et la justice... »

Dans la matinée, les membres des diverses fractions de la gauche se sont concertés pour concevoir un ordre du jour que commence à lire Maillard :

« La Chambre, confiante dans la résolution du gouvernement d'introduire dans la législation des mines les améliorations nécessaires, et convaincue que le gouvernement saura s'inspirer du besoin de sauvegarder les droits de l'État et les intérêts des travailleurs... »

Maillard déroule et bientôt Raoul-Duval, le cousin de Léon Say, président des Houillères & Fonderies de l'Aveyron, explose :

« C'est là trop vague ! C'est là une menace pour les droits de la propriété ! »

L'ordre du jour est adopté par 379 voix contre 100.

À Villefranche, bientôt, les prisons seront pleines. Que d'arrestations ! La prison, pour ces grévistes partis à Bourran afin d'empêcher des ouvriers de descendre dans le puits. La prison, pour le mineur Roulet, qui a menacé de son revolver un autre mineur rencontré sur le chemin de Combes. Roulet est le beau-frère de Granier, l'un des accusés compromis dans le meurtre de Watrin... La prison aussi, pour Cantarel, Berthomeuf, Bras et Cussac, pour avoir attenté d'une manière ou d'une autre à la liberté du travail.

Duc-Quercy est sur le chemin. Le procès Soubrié lui a chauffé le sang. À la dernière réunion de Firmy, il a pris vivement à partie les employés de la Compagnie...

Au petit matin, les prisonniers traversent la ville, escortés par de nombreux gendarmes. Duc-Quercy se met en travers et hurle :

« Résistez ! Vive la sociale ! »

Aussitôt, un gendarme descend de son cheval et dresse un procès-verbal.

Chapitre XVIII

LE FEU COUVE ENCORE

Sous les ors du haut plafond, seul à son vaste bureau, Baïhaut est tout aux turpitudes de son ministère.

Baïhaut pense à Laur, pas à Francis le député, mais à Joseph l'ingénieur en chef des mines. Qui a couru envoyer un télégramme au préfet Dumesnil, le fameux soir de janvier, avant que Watrin soit *watriné*. Qui vient de lui livrer son rapport sur l'état des galeries à Decazeville.

Épaulé par l'ingénieur Vital, Joseph Laur a visité le puits de Combes. Il assure que les galeries sont en parfait état de conservation et dément de la manière la plus formelle les fausses nouvelles répandues par certains journaux. Il affirme sous sa responsabilité qu'aucun danger n'est à redouter.

Joseph Laur a beau écrire cela, les mineurs ne sont pas de cet avis.

À la vérité, ce rapport dérange aussi Baïhaut, qui ne voudrait pas qu'on l'accuse de complaisance vis-à-vis de la Compagnie. Aussi, songeur, il relit la pétition que, dans la foulée, il a reçue :

Monsieur le Ministre,
Nous avons l'honneur d'appeler votre attention sur l'attitude de M. l'ingénieur en chef Laur, dont les rapports, basés sur de faux renseignements, trompent la confiance du gouvernement et sont ainsi pour le pays une cause de ruine. Nous pouvons vous donner l'assurance, et nous avons des preuves à l'appui de notre assertion, que le feu a complètement envahi les mines de la section de Bourran. Nous offrons d'accompagner dans les galeries tel ingénieur qui sera désigné pour lui montrer les ravages faits par l'incendie depuis une quinzaine de jours.
Dans l'espérance que vous voudrez bien accueillir notre requête, nous sommes, monsieur le ministre, etc.
Signé : Carrié, Soubrié, Souquet et Parrot.

Tiens donc, Soubrié, qui est actuellement derrière les barreaux. Mais pourquoi pas ? Soubrié n'en demeure pas moins délégué.

Quel esprit a guidé la plume des pétitionnaires ? Le texte est parfaitement maîtrisé. Duc-Quercy ? Basly ? Baïhaut pencherait pour Basly, à cause d'un respect calculé, mais peut-être un peu exagéré. Duc-Quercy, c'est un autre dossier…

Baïhaut pense aussi à Carrié. L'homme finira par devenir pour Decazeville, si la grève se poursuit, ce que Basly fut pour Anzin. Gloire à ceux qui, dans l'intérêt des plus faibles, dans un élan désintéressé, relèvent leurs manches...

Une nouvelle inspection des mines... Baïhaut se caresse le menton.

Carrié, comme d'autres délégués, est reçu en ce moment même par la commission tout fraîchement constituée. Ce fut là une heureuse décision du gouvernement.

Les délégués sont venus de Decazeville mais aussi de Bessèges, de La Josse, de Carmaux, de Montceau-les-Mines ou de Saint-Étienne. Paris doit les changer de leurs sombres pays !

Carrié veut une nouvelle inspection mais aussi, comme les autres, que désormais un délégué soit nommé par puits plutôt que par groupe de mineurs. En outre, il demande que leur soit consenti un traitement fixe, déterminé par les ingénieurs de l'État et payé par l'État.

Carrié en demande beaucoup. Après la réunion, il doit rencontrer les députés de l'extrême gauche, afin qu'à leur tour ils l'incitent, lui, Baïhaut, à envoyer à Decazeville un autre ingénieur, auquel serait adjoint un délégué mineur.

C'est dans ce sens que va aussi une requête faite par le député Maillard.

Baïhaut ne peut tout accepter, mais une nouvelle inspection, soit !

À Rodez, Bochet, ingénieur général des mines, s'entend avec Joseph Laur sur la méthode. Puis direction Decazeville, où la situation manque aussitôt de tourner au vinaigre. Les ingénieurs ont à peine le temps de poser leurs bagages à l'hôtel des Houillères que la Compagnie leur met Blazy dans les pattes. L'écho de cette nouvelle provocation fait vite le tour de la ville. Cayrade est hors de lui. Il provoque une réunion puis déboule dans le bureau de Petitjean. Éprouvé par déjà plus d'un mois de grève, certains harcèlements, une déprime récurrente et des embêtements de toutes sortes, Cayrade contient difficilement sa colère :

« L'intervention de Blazy pourrait donner lieu à des interprétations malveillantes, avance-t-il.

– Nous ne voyons pas lesquelles », lui rétorque le directeur.

Petitjean pourrait être moins raide avec lui. Quelques années plus tôt, Cayrade l'a tiré d'un mauvais pas. À la vérité, Petitjean aurait très bien pu finir comme Watrin. Au diable ! Cayrade ironise :

« Nous vous connaissons en effet l'incapacité de voir en plein brouillard...

– Quel brouillard ? »

Petitjean est ravi. Il s'est pris au jeu des hautes instances de la Compagnie. Il comprend le sens profond de toutes les dépêches codées qu'il reçoit à longueur de journée. La dernière lui donne l'ordre de céder sur ce point, en prenant son temps. Mais il ne faudrait pas que Cayrade lui saute à la gorge. Quoique.

« Qui plus est, reprend Cayrade, la rentrée en fonctions de Blazy est en ce moment inopportune. »

Petitjean feint de réfléchir, semble en proie à un dilemme, puis annonce :

« Bien… Verzat remplacera Blazy… »

Verzat qui, avec Chabaud, fit ce qu'il pouvait pour sauver Watrin, et puis s'enfuit par les galetas, avant le dénouement fatal.

« Mais sachez, monsieur le maire, que, une fois le rapport de l'ingénieur Bochet terminé, Blazy reprendra son office à Bourran… »

Au même moment, Bochet reçoit les délégués à l'hôtel des Houillères. Les mineurs demandent à visiter les galeries avec lui. Ils assènent que leur présence est indispensable. On lui a menti. Les plans qu'on lui a fournis sont faux. Bochet les écoute puis leur présente son ordre de mission. Le gouvernement a décidé qu'aucun gréviste ne serait admis à accompagner les ingénieurs dans leur tournée.

Les femmes boudent le curé. Pour marquer leur mauvaise humeur, elles ont assisté à la messe debout. Le curé, faut dire, a refusé de distribuer de l'argent aux mineurs sans travail. La grève s'étend toujours davantage. À Firmy, il était temps, les mineurs du puits Saint-Eugène ont refusé de descendre au fond ! La Compagnie n'a pas tenu une promesse qu'elle leur avait faite en particulier : une augmentation de 15 centimes par mètre cube de charbon... Toutes les mines sont bientôt abandonnées. À l'issue d'une réunion à Firmy, des mineurs arborent un chiffon rouge au bout d'une pique mais Basly va vers eux pour faire disparaître l'emblème séditieux. Le lendemain, ce sont les ouvriers des forges qui cessent le travail. Basly et Duc-Quercy défilent alors avec les mineurs, sous le drapeau tricolore.

Le 31 mars, la grève est générale. La Compagnie fait afficher :

AVIS

Par suite de la grève générale des mineurs, la Compagnie est dans la pénible nécessité d'arrêter le travail dans tous ses établissements métallurgiques.

Les ouvriers de la forge sont donc prévenus que le travail cessera ce soir à six heures.

Pour les hauts fourneaux, les ouvriers sont prévenus que le travail cessera dès la mise hors feu des fours à coke et du haut fourneau, mise hors feu à laquelle on va procéder immédiatement.

Et le rapport de l'ingénieur Bochet ? A priori, il n'est à craindre de danger. Tout va très bien, monsieur le ministre.

Chapitre XIX

COUP DE THÉÂTRE

Déjà, Roche s'est fait cueillir à l'hôtel Regourd. Il était six heures, ce petit matin d'avril. Les gendarmes ont fait grand bruit dans les escaliers. Ils se sont ensuite dirigés vers l'hôtel Viguié où loge également Basly.

Duc-Quercy dort encore. Une servante dira plus tard à Massard, journaliste du *Cri du peuple* à qui elle donnera la clé de sa chambre : « C'est là qu'était notre pauvre monsieur. En voilà un qu'était doux et tranquille. Quand les gendarmes sont venus pour l'arrêter, ils étaient bien gênés, allez ! Ils étaient quasiment honteux. Il y en a un tout de même qui a chargé son revolver dans l'escalier. Mais celui-ci, c'est un méchant, on le connaît pour ça... Quand on lui a mis les menottes, tout le monde pleurait... »

Deux escadrons de dragons et une compagnie d'infanterie sont déployés autour de l'hôtel, rien que cela. L'ordre est donné aux troupes de faire feu si la foule s'oppose aux arrestations.

Tout l'hôtel résonne du bruit des bottes. Et c'est un poing qui frappe bientôt à la porte. Un maréchal des logis remet à Duc-Quercy le mandat d'amener lancé contre lui.

« Citoyen Duc-Quercy, je vous arrête. »

Le journaliste proteste. Dehors, la foule se presse. Duc-Quercy lève son chapeau et lance :

« Vive la grève ! Vive la révolution sociale ! »

La foule lui fait aussitôt écho. Les mineurs connaissent bien maintenant les journalistes, en qui ils ont confiance, qui leur permettent d'espérer, tant ils remuent ciel et terre pour eux, et ce n'est pas que des mots – *Le Cri du peuple* et *L'Intransigeant* rendent compte tous les jours des souscriptions et actions en leur faveur.

De la gendarmerie, enchaînés comme des malfaiteurs, attachés l'un à l'autre, Duc-Quercy et Roche sont conduits à une voiture à barreaux, où montent aussi six gendarmes. Cinquante dragons ouvrent la marche, vingt-cinq autres gendarmes la ferment. Duc-Quercy et Roche sont de grands criminels ! La foule crie tandis que la voiture s'éloigne au galop :

« La grève ! »

À la gare de Viviez, les prisonniers sont gardés à vue dans la salle d'attente, puis c'est le train pour Villefranche. Une foule abondante, encore, les accompagne jusqu'à la prison.

Dans l'après-midi, Albenque, juge d'instruction, procède aux interrogatoires. Le mandat vise le délit d'atteinte à la liberté du travail.

« Vous êtes coupable, dit-il à Roche, d'avoir envoyé à votre journal, *L'Intransigeant*, des dépêches inexactes. Vous avez ainsi prétendu qu'il y avait le feu dans les mines de Bourran. Vous êtes coupable d'avoir "par violences, menaces ou manœuvres frauduleuses, causé ou entretenu une cessation de travail…" »

Roche refuse de répondre aux questions, tout comme Duc-Quercy.

« Antoine Duc-Quercy, vous êtes coupable, égrène Albenque, 1, d'avoir à la date du 18 mars "fait insérer" dans *Le Cri du peuple* une dépêche annonçant que Ficat père et fils avaient été atteints par le feu dans la mine. 2, d'avoir à la date du 24 mars "fait insérer" dans *Le Cri du peuple* une dépêche annonçant que le sieur Lerouge avait été retiré à moitié asphyxié des galeries de Palayret. 3, enfin, d'avoir, dans le même *Cri du peuple*, à la date du 4 avril, "fait insérer" une "prétendue" lettre de soldat où il était dit : "On nous promet des médailles et des galons."

– Nous n'avons pas, regimbe Duc-Quercy, à répondre à un magistrat qui n'est que l'instrument de la violence et de l'illégalité.

– À votre aise…

– L'attentat commis sur ma personne atteint *Le Cri du peuple*, et la presse tout entière. Pareils outrages à la loi ne resteront pas impunis. »

Basly ne tiendra aucun compte du vote de la Chambre lui refusant son congé. Il restera à son poste de combat, là où sa conscience et ses électeurs l'ont envoyé. Le moment n'est pas à la faiblesse.

Basly parvient encore à calmer les esprits. Il convainc les mineurs de ne pas se rendre à la gare quand reviennent les camarades qui ont fini de purger leur peine de prison. Au moindre rassemblement, le général Borson envoie des soldats sabre au clair. Il ne faut pas tenter le diable ! À toute tentation de révolte, Basly exige le calme et pour l'instant il est écouté. Un mineur dira : « Basly ! C'est notre homme ! Seulement, il craint trop qu'on nous mitraille… » Tout le monde se découvre à son passage. Ces gens mangeraient du charbon plutôt que de céder, pense Basly.

Vive nostre députat !

Mais le député ouvrier a assisté impuissant à l'arrestation de Duc-Quercy.

Un télégramme a informé Basly que l'arrestation avait été délibérée en Conseil des ministres, qu'elle était justifiée par l'attitude générale des journalistes vis-à-vis des ouvriers depuis le commencement de la grève. Derrière tout ça, il y aurait un lien, d'après Camélinat, avec quelque détestable manigance : l'emprunt que le gouvernement veut faire, emprunt auquel les députés socialistes sont opposés car, cela va de soi, il n'est pas de nature à établir un budget républicain, il ne répond en aucune façon à l'urgente nécessité de réduire les charges publiques. Il ne faut pas emprunter, il faut réduire le train de vie de l'État !

Camélinat et Massard arrivent ensemble. Basly va les chercher à la gare. C'est comme à la guerre, quand un homme est tombé au combat, un autre aussitôt le remplace ! Déjà d'autres journalistes, Émile Massard ou Albert Goullé. Bientôt d'autres députés, les *inviolables*, Antide Boyer, l'anticlérical forcené, et Clovis Hugues, poète, qui fut un défenseur des communards, et qui, avant de virer boulangiste, fera l'éloge des mineurs et méritera bien un buste, sculpté par son épouse Jeanne Royannez.

À ce moment-là, Basly, Camélinat et Massard sont dans la même voiture, conduite par le père Sors et son gros cheval. Plusieurs réunions sont prévues dans la journée. Il n'y a pas de temps à perdre. Les grelots, fixés aux pattes du cheval, carillonnent dans les rues boueuses.

Souventes fois, il faut se ranger pour laisser passer les soldats, des patrouilles de dragons lancées à bride abattue, qui font un bruit de ferraille formidable, effraient les enfants et écrasent les chiens. La place du Duc Decazes est toute garnie de tentes. Un nouveau bataillon est arrivé de Béziers. À n'importe quelle heure, Borson passe son armée en revue, et la cavalerie fait fantasia !

« Que dit-on à Paris ? demande Basly.

– Le gouvernement menace de nous poursuivre... Il en est pour dire que tu n'es pas moins coupable et que tu dois ta liberté à ton immunité parlementaire... On s'étonne que le pouvoir n'ait pas commencé par toi... »

Les crevasses dans la route sont innombrables et l'équipage inconfortable bringuebale. La pluie fait fumer les montagnes rouges alentour. Ils en sont à remonter une route étroite au bord d'un précipice.

« Et la presse, que dit-elle ?

– *La Justice* estime que ce n'est pas le rôle des députés et des journalistes d'exciter les crises où les intérêts du travail sont engagés...

– Cela n'est guère surprenant de la part de Clemenceau...

– Toutefois, Clemenceau considère que jusqu'à nouvel ordre la loi de 1881 n'est ni abrogée ni modifiée.

– Très bien... Une réaction de Rochefort-Luçay ?

– Oui, il ne l'envoie pas dire... »

Camélinat sort d'une poche *L'Intransigeant* qu'il se met à lire malgré la pluie et les cahots.

« Écoutez ça... *"Le gouvernement a besoin de l'appui d'un gros financier pour la réussite de l'emprunt. Léon Say lui aura sans doute promis sa protection, à condition qu'il l'aiderait à en finir avec cette grève maudite. Judas a vendu Jésus Christ pour 30 deniers. Nos deux amis ont le droit d'être fiers. Le gouvernement les a livrés pour une somme bien autrement considérable : 900 millions !"* Puisqu'on a arrêté Roche et Duc-Quercy, écrit-il plus loin, pourquoi ne pas interner Petitjean et Léon Say qui, tous les jours, entassent mensonges sur calomnies dans leurs feuilles orléanistes ? »

Tandis que Camélinat et Basly échangent ainsi, Massard observe le décor, stupéfait.

Ils sont passés devant les mines de Bourran et de Palayret. Ils remontent maintenant au grand trot la côte jusqu'à Firmy. Dans une cour, des mères de famille, cabas à la main, attendent la distribution. Par des rues étroites, ils atteignent ensuite une immense excavation, un vaste entonnoir. Çà et là, les braseros des soldats rougeoient sur l'immensité noire. Tout au fond, deux locomobiles puisent l'eau qui a envahi les galeries. Des wagonnets gisent sur le carreau.

La réunion se tient dans une ancienne auberge. On y accède par un escalier en pierres. Au premier, une grande salle, toute défoncée, avec une immense cheminée, reçoit les grévistes. La place n'était pas suffisante et on a enlevé des planches du plafond afin que du grenier on puisse ainsi voir et écouter les orateurs.

Les mineurs les attendent, les acclament et leur broient les phalanges.

« Je vous amène du renfort ! crie Basly. Camélinat est accouru, et *Le Cri du peuple* aussi ! Et après eux, il en viendra d'autres !

– C'est bien, ça ! Vous venez partager notre danger. Avec leurs dragons et leurs gendarmes, ils nous traitent comme des bandits !

– Camarades, pas de colère !

– Tout Paris est derrière vous ! enchaîne Camélinat. Patience, les amis…

– Nous ne pouvons pourtant pas laisser enchaîner nos défenseurs, les braves Quercy et Roche, et puis vous autres, et puis tous ! »

Et à cet instant, un boulanger surgit. Tout le monde s'écarte.

« Citoyen Basly ! s'époumone-t-il. Faudra prévenir quand il n'y aura plus de pain. Je cuirai pour rien ! »

Pas de capitulation à l'horizon – si ce n'est celle de la Compagnie. Amen !

LE CRI DU PEUPLE

Il fallait en finir, parce qu'en dépit des mensonges de Bochet entassés sur les mensonges de Laur, la mine brûle ; parce que la Compagnie allait être acculée à la ruine ou à la déchéance.

Et comme il y avait à la tête de la Compagnie ainsi condamnée un Léon Say, bras droit de l'empereur, de toutes les monarchies et de toutes les Républiques, Sa Majesté Rothschild ; et comme la République de Grévy-Freycinet avait un emprunt à placer, la finance a fait ses conditions :

Débarrassez-moi de la grève de Decazeville, ou je tue votre emprunt avec votre crédit.

Et la République Grévy-Freycinet s'est inclinée. Elle a accepté le marché.

Elle a livré – contre sa propre légalité – Duc-Quercy et Roche, deux des têtes de la grève, et elle aurait livré le troisième, Basly, si Basly n'était pas couvert par son inviolabilité parlementaire.

De même que demain elle fera tirer, remplaçant les gamelles partagées par du plomb à plein fusil, si le travail n'est pas repris – et il ne le sera pas – et si la Compagnie l'ordonne.

Nos gouvernants n'en sont pas à quelques cadavres près, pourvu que leur émission de 3 % soit couverte.

Jules Guesde

Chapitre XX

LE PROCÈS DES APÔTRES

Quelques jours plus tard, un meeting de soutien aux journalistes de Decazeville trouve son épilogue aux assises. Jules Guesde et Paul Lafargue sont poursuivis pour excitation au meurtre et au pillage. Ils transforment leur procès en cours d'éducation socialiste. Ils sont néanmoins acquittés. Ce ne sera pas le cas de Duc-Quercy et Roche.

Les *publicistes* sont défendus par de beaux phénomènes : Laguerre, député du Vaucluse, toujours aussi engagé, il porte bien son nom, et Millerand, député de la Seine, jeune avocat plein de feu. Tous deux sont également journalistes à *La Justice*, le journal de Clemenceau. On dira que leur attitude était regrettable, qu'ils avaient oublié qu'un prétoire n'est pas une chambre de députés, la barre une tribune politique.

Duc-Quercy et Roche portent un bouquet tricolore à la boutonnière. L'omnibus escorté par les gendarmes les a jetés devant le palais de Villefranche. La place Guiraudet est remplie. Les prisonniers crient :

« Vive la république sociale ! »

L'affaire est jugée en correctionnel. Millerand remet au président Loubers une requête afin qu'il se déclare incompétent. Le magistrat arque un sourcil. La salle d'audience est archicomble, elle aussi. Millerand, défenseur de Roche, commence *ex abrupto* :

« L'arrestation de Duc-Quercy et Roche était une sottise politique. Jamais les parquets de Villefranche et de Montpellier n'auraient pris cette mesure. »

Duc-Quercy, que défend Laguerre, se lève du banc où il se tenait sagement jusque-là et s'exclame :

« Parfaitement ! Très bien !

– Je déclare absolument faux le récit de l'arrestation. Nous n'avons relevé aucun délit, aucune *manœuvre frauduleuse*... »

Millerand appuie bien sur les mots avant de poursuivre :

« Nos clients ont usé du droit de coalition. Ils ont promis du secours. Ils ont prêché la résistance. Ils ont parlé de la complicité du gouvernement. Ils ont dit que certains officiers cherchaient à intimider les ouvriers. Tout cela, c'était leur droit ! Nous-mêmes, mon confrère et moi, en avons fait autant, soit dans nos journaux, soit à la Chambre ! »

Millerand marque une courte pause, afin que chacun se pénètre bien de ses paroles.

« Nos clients, reprend-il, sont de bonne foi. Ce sont des apôtres ! On peut les qualifier d'agitateurs, ils n'en sont pas moins les défenseurs d'une grande et belle cause. Duc-Quercy et Roche auraient dit aux ouvriers de ne pas aller à la paie, parce que la Compagnie leur rendrait alors leurs livrets. Ils ont bien fait, car justement la Compagnie a renvoyé des ouvriers à cette occasion. On parle de fausses nouvelles... Les fausses nouvelles, s'il y en a, sont uniquement l'œuvre des gérants des journaux qui les ont publiées. Qu'on traduise donc devant les tribunaux *Le Cri du peuple* et *L'Intransigeant*. Duc-Quercy et Roche, alors, pourront être prévenus, mais comme complices. Et dans ce cas, ce sera un délit de presse, dont la cour d'assises peut seule connaître ! »

Nouvelle pause, et Millerand ajoute :

« L'article 414 n'est pas ici applicable. En conséquence, je demande au tribunal de se déclarer incompétent ! »

Très calme encore, le public éclate en bravos, et le président de menacer :

« Je vais faire évacuer la salle ! »

Vacquier, qui tient le siège du ministère public, prend alors la parole.

« Ces applaudissements, sincères du reste, seront tous pour la loi lorsque j'aurai exposé l'œuvre pernicieuse de Duc-Quercy et Roche. Je réclame l'initiative et la responsabilité de l'arrestation. Ce n'est pas une sottise que le gouvernement a commise. La preuve, la situation s'est améliorée à Decazeville. Je suis plein de respect pour la presse, mais pas pour des individus auxquels je refuse la qualité de journalistes. Ce sont simplement des hommes qui veulent se signaler à la renommée ! »

La salle murmure. Duc-Quercy et Roche haussent les épaules.

« Ils n'ont laissé à Decazeville que des ruines ! »

À cette accusation, très calme, Laguerre se lève alors, avec comme un sourire aux lèvres.

« Votre langage est celui des procureurs de l'empire. Sentiments de parade, paroles dénuées de toute sincérité... Je trouve surprenant que vous revendiquiez l'initiative d'une mesure qui a été décidée en Conseil des ministres... Il n'y a pas ici de délit de droit commun... »

Laguerre se tait quelques secondes, embrassant la salle d'un regard acéré. Laguerre n'a jamais eu peur de tirer à boulets rouges dans la foule, ou sur un procureur, vers lequel il revient :

« Ce procès... Il ne s'agit pas seulement de la liberté de deux prévenus. On veut attenter à la liberté de la presse. C'est une enclume qui usera bien des marteaux... Il est deux sortes de magistrats. Les uns se précipitent dans l'esclavage, les autres gardent dans tous les temps et sous tous les régimes l'indépendance de leur conscience et de leur jugement... Ce dernier rôle, n'appartient-il pas au tribunal de Villefranche de le faire sien ? »

La salle explose en applaudissements. Le président donne du marteau tandis que Duc-Quercy et Roche se lèvent pour serrer la main de Laguerre. De mémoire de Villefranchois, on n'a jamais assisté à un tel spectacle. Vacquier ne se laisse pas démonter :

« Il y a bien eu des manœuvres frauduleuses. Il y a eu de fausses nouvelles ! Ils ont parlé de feux qui n'existent pas. Les prévenus ont fait des promesses irréalisables. Ils se sont servis du mensonge. Ils ont soutenu des théories sociales. Or, le socialisme, c'est un vain mot. »

Roche a bondi. Il demande à parler.

« Prêcher le socialisme, insiste Vacquier, c'est provoquer des violences qui ne peuvent qu'amener un retour en arrière…

— Accusé Roche, fait le président, vous pouvez vous exprimer.

— Merci… Je nie qu'il y ait eu manœuvres frauduleuses. Et je récuse les témoins de la Compagnie et autres gens de cet acabit ! »

Le président le rappelle à l'ordre mais Duc-Quercy s'est déjà levé, s'adressant au procureur Vacquier :

« Quand je serai en liberté, vous viendrez à une conférence ici ou ailleurs, les portes seront ouvertes… Et là, si vous ignorez encore ce que c'est que le socialisme, nous vous le dirons ! »

Quand la séance reprend, en début d'après-midi, le président Loubers déclare aussitôt le tribunal compétent et les débats se poursuivent.

« Je demande un sursis, clame Millerand. Je demande en outre que nos clients soient mis en liberté provisoire.

– Demandes refusées, lui renvoie le président. Les prévenus retourneraient aussitôt à Decazeville. »

Quelques rires, beaucoup de sourires. Et Laguerre enchaîne :

« Il semble que le procureur n'a pas répondu à ma question... Sans doute n'a-t-il rien à répondre ! Je lui citerai la parole d'un auteur que je connais bien. Pascal... Pascal nous dit que le "moi" est haïssable. Le procureur Vacquier aurait bien fait de parler davantage de la cause et moins de la personne ! »

Vacquier est devenu rouge comme un coq. Il s'enflamme encore :

« Je ne reconnais pas à la défense le droit de me donner des conseils ! Je dirai même que ce n'est pas là une conduite honorable... »

Et à cet instant, le débat prend un tour insolite. On dirait que Laguerre n'attendait que cela. Il a un geste des bras qui marque sa satisfaction.

« Mon honorabilité est hors d'atteinte, monsieur le procureur. Quant à la vôtre, pour savoir ce qu'elle vaut, il suffit d'aller lire les registres de Paris-Lyon-Méditerranée... »

Le coup est bien placé. Vacquier a en effet quelque intérêt dans cette compagnie de chemins de fer.

Le président donne du marteau et tempête :

« Maître Laguerre, vous manquez à vos devoirs d'avocat. Je vous invite à retirer ces paroles !

– Je ne retirerai rien, ni du ton, ni du texte, ni une virgule, réplique Laguerre. Quand je parle, j'ai l'habitude de peser toutes mes paroles. »

Brouhahas. Applaudissements. Martèlements de marteau. La séance est interrompue presque trois heures. Quand elle reprend, Laguerre est condamné à une peine de réprimande de 9 francs.

« Nous récusons le tribunal ! proteste alors Roche.

– L'action du parquet est monstrueuse ! juge Duc-Quercy. Nous décidons de faire défaut ! »

Sur quoi Millerand prie le président de faire quitter la salle aux prévenus. Les avocats se retirent aussi, de même qu'une partie du public.

Les témoins sont alors appelés, mais dehors la colère éclate. Les gendarmes à cheval se sont avancés sur la foule, sabres brandis. Tandis que l'omnibus où ont repris place Duc-Quercy et Roche part au galop, hommes, femmes et enfants huent, vitupèrent et, bientôt, se mettent à chanter *La Marseillaise*, malgré plus de gendarmes encore, jusqu'à la prison.

Dimanche 18 avril, en leur absence, les journalistes Duc-Quercy et Roche sont condamnés à quinze mois de détention.

Chapitre XXI

UNE RAIDEUR ARISTOCRATIQUE

Léon Say regarde les fiacres dans la rue Gramont et il a, pour une fois, une bonne raison.

Il ne sourit plus, Léon. Les faits ont démenti toutes ses prévisions, la situation n'a pas tourné à leur avantage. La grève est désormais générale ou peu s'en faut.

Il ne sourit plus, Léon. Duc-Quercy et Roche sont derrière les barreaux et ils ont été remplacés aussitôt par d'autres cafards. Et il reste Basly ! Comment faire pression sur Basly ?

Il ne sourit plus, Léon. La famille Watrin n'a pas voulu poursuivre Cayrade en justice et c'est cet homme-là qu'il attend : le Républicain, un ennemi. La Compagnie ne pouvait lui refuser cette entrevue, mais Léon Say ne lui accordera que quelques minutes, des minutes froides.

Gastambide est à d'autres affaires et dans le fauteuil où il aime être se trouve Raoul-Duval, Fernand, le frère du député, vice-président et cousin.

Dans le fiacre qui traverse les quartiers de Paris, tièdes d'un printemps qui s'affirme enfin, Cayrade se dit que le jeu en vaut peut-être encore la chandelle. Ce fut un long voyage, plus de quatorze heures de train, par *l'express* pourtant, et Cayrade est fatigué. Si son esprit garde toutes ses capacités, son corps lui fait parfois douleur, le souffle lui manque.

Cayrade a plusieurs missions. Celle que son conseil municipal lui a donnée, à savoir traiter avec le Crédit foncier, pour un emprunt de 300 000 francs – toujours ce projet de construire des écoles et un hôtel de ville, des travaux qui emploieraient bon nombre d'hommes chassés par la Compagnie et qui cherchent en vain de l'ouvrage. Et celles que lui-même s'est données. Autant commencer par la plus pénible.

Cayrade considère que sa présence à Paris a quelque raison d'être, qu'il a toute qualité pour accomplir certaines démarches. En tant que magistrat, il a même le devoir de s'offrir comme médiateur. Cayrade n'a pas de mandat précis, net, officiel, mais Planteau et Michelin, les députés qui ces jours s'emploient à négocier avec la Compagnie, en ont-ils un ? Non.

Avant son départ, Cayrade a pris l'avis de son conseil municipal, puis il a réuni les délégués mineurs, lesquels ont estimé que son intervention pouvait être utile, sans toutefois l'autoriser à négocier pour eux. Les mains tendues ne font pas la paix, mais tant qu'elles ne tiennent pas un poignard, on peut espérer.

Alors que son fiacre remonte enfin la rue Gramont, Cayrade parcourt une page de *L'Intransigeant*. Duc-Quercy et Roche ont fait appel du jugement. Laguerre et Millerand ont écrit au procureur général pour le prier de hâter la mise au rôle de l'affaire devant la cour de Montpellier. Il est à parier que la cour confirmera la décision des premiers juges. Duc-Quercy et Roche feront alors recours en cassation. La Cour suprême se prononcera en dernier ressort. L'affaire ne trouvera pas sa résolution avant des mois. Cependant, à la faveur d'une élection législative complémentaire, les socialistes ont décidé de présenter un des condamnés de Villefranche, grâce à quoi, tiré au sort, Roche a été mis en liberté provisoire, sans caution.

Le fiacre s'arrête devant le siège de la Compagnie des Houillères & Fonderies de l'Aveyron. Cayrade descend sur le pavé et parcourt du regard la façade cossue. Encore un empire, pense-t-il, bâti à la sueur des ouvriers, et aujourd'hui ils peuvent bien crever la gueule ouverte.

Cayrade s'essouffle, gravissant l'escalier monumental. Il fait deux courtes pauses avant d'atteindre le bureau directorial. Les salutations sont minimales. Léon Say ne lui propose pas de s'asseoir mais Cayrade prend place dans le siège près de Raoul-Duval. Jamais, de sa vie, il ne s'est retrouvé assis si près du Capital.

« Quelles décisions la Compagnie pense-t-elle prendre ? demande Cayrade.

– Il est à craindre que, pour l'instant, elle n'en ait aucune à prendre. »

Cayrade gardera son calme. Il ne lâche pas même un soupir.

« Je n'ai aucune délégation, aucune mission. Je viens de mon plein gré vous demander si la Compagnie a des propositions à faire.

– La Compagnie n'a rien à proposer...

– Les revendications des mineurs portent toujours sur trois points : le renvoi de Blazy, le retour aux salaires d'avant la grève, et la reprise par la Compagnie de tous les ouvriers. »

Say écoute Cayrade, qui pourrait tout aussi bien hurler à l'oreille d'un sourd. Mais le maire poursuit :

« Ce dernier point est le plus important à mes yeux. Ce qui importe, c'est de donner aux ouvriers l'assurance qu'ils pourront tous reprendre leur travail, et que les délégués ne seront pas pénalisés d'aucune manière. Cette certitude acquise, on pourrait discuter les questions relatives aux conditions de travail. Mais, en vue de cette solution, il faut aussi que la Compagnie accepte d'entrer en relation avec les mineurs. Elle s'obstine à garder le silence, à ne rien dire, à attendre... Si elle refuse les pourparlers, comment sortira-t-on de cette situation ? »

Say semble quelques secondes embarrassé, mais il réplique :

« Je ne crois pas que la Compagnie puisse tenir compte de vos observations... Vous n'avez aucun mandat. Votre qualité de maire ne nous apporte pas la certitude que les concessions qui pourraient vous être faites auraient l'agrément des mineurs. Cependant, je puis vous dire que les listes d'embauchage sont toutes prêtes, déposées toutes blanches, et attendant les signatures d'ouvriers dans les bureaux de la Compagnie. Reprenne la pioche qui voudra... Nous n'entraverons le travail par aucune exigence... »

Fourberie. Raoul-Duval n'a pipé mot, mais il sourit dans ses moustaches.

L'accueil au ministère des Travaux publics est plus chaleureux, mais moins, cela ne serait possible.

« Charles !
– Jules ! Paris vous manquerait ?
– Dans les circonstances présentes, j'avoue... »

Cayrade et Baïhaut se sont côtoyés à la Chambre et ils peuvent céder à une certaine familiarité.

Cayrade lui remet aussitôt une pétition lancée par les commerçants de Decazeville. En substance, ceux-ci estiment que la prolongation de la grève compromet les intérêts de tout le monde. Ils prient le gouvernement d'intervenir au plus tôt… Baïhaut finit de lire le texte, hochant du chef.

« J'en ferai lecture au Conseil. Assurez à vos administrés que leur pétition sera communiquée au président Grévy. Comment s'est passé votre rendez-vous avec Léon Say, notre adversaire orléaniste ?

– Autant piocher dans le vide… La Compagnie pense réduire les mineurs par la faim, et elle s'endort sur ce qu'elle considère comme une position sinon conquise, au moins tout près de l'être… »

Baïhaut ne rebondira pas là. De toute façon, Cayrade continue déjà, les responsabilités n'admettent aucune perte de temps :

« Je ne suis pas dupe de ce prétendu argument des listes déposées dans les bureaux. La Compagnie entend rester maîtresse chez elle. Les délégués, s'ils venaient s'embaucher, seraient mis à la porte rapidement. C'est une malice cousue de fil blanc…

– La Compagnie temporise…

– Déjà presque deux mois de grève ! En verra-t-on un jour la fin ?

– Il le faudrait, et avant le procès de l'affaire Watrin.

– La Compagnie fait comme les grandes coquettes, des avances un jour sur lesquelles elle revient le lendemain. Il serait possible de hâter le dénouement, je pense…

– Comment, selon vous ?

– Par deux réformes, qui auraient une portée réelle.

– Je vous écoute.

– En premier lieu, il faudrait mettre à exécution cette loi sur les conseils de prud'hommes. Si l'on désignait un conseil pour Decazeville, dans le plus bref délai possible, cela faciliterait l'entente, car on aurait un arbitre tout trouvé. En second lieu, il faudrait accélérer la discussion de la loi sur les délégués. La situation des délégués de Decazeville serait ainsi régularisée, et une autre cause de conflit disparaîtrait.

– Vous auriez dû vous représenter à la députation, Jules. »

Cayrade sourit. Il connaît bien ces lois, qu'il a appuyées de sa signature lors de leur dépôt par Waldeck-Rousseau.

« La Compagnie continue à se retrancher derrière son immobilité hautaine ? Eh bien, que le gouvernement la force à l'action, qu'il prenne nettement parti et donne son avis. La fin de la grève est à ce prix. »

Le ministre ne peut officiellement abonder dans son sens et esquive.

« Hum… Votre ville est toujours calme ?

– Très calme. On ne se croirait pas en grève. Ce sont les soldats qui font le plus de bruit…

– Et Basly ?

– Les ouvriers l'écoutent. Basly prêche la conciliation et la modération. Je ne crois pas qu'il fasse grand mal. Les choses peuvent aller longtemps ainsi. Les ouvriers peuvent tenir... La Compagnie peut tenir...

– Et il est donc à craindre certaines dérives, n'est-ce pas ?

– Nos populations de Decazeville sont républicaines, rien que cela. Il est évident cependant que, plus la grève se prolongera, plus le caractère socialiste du mouvement s'accentuera. Il y a donc, pour la France entière, un intérêt à voir se terminer le plus tôt possible cette grève. Mais le moyen ? me direz-vous. Le moyen, c'est la Compagnie qui le possède. Qu'elle consente, au minimum, à se départir de sa raideur aristocratique... »

Chapitre XXII

LE CAS BLAZY

Beaucoup de couloirs traversés à pas feutrés, de portes que l'on referme derrière soi, doucement malgré souvent la colère, beaucoup de secrétaires et de greffiers que l'on salue d'un hochement de tête, un signe distrait, beaucoup de regards qui en disent plus long que des discours, beaucoup de mépris contenu et d'arrogance affirmée, de convictions vaines et de positions malsaines.

Qu'est-ce qu'ils imaginaient, Planteau et Michelin ? Cayrade sortait du bureau de Baïhaut que les deux députés, eux, pénétraient dans celui de Say. La valse ne se danse pas seulement à Vienne. Ces manèges vont-ils encore durer ? Et après eux, qui encore ?

De Planteau et Michelin, il est peu de chose que l'on sache. Ils sont jeunes députés, par l'expérience et non forcément par l'âge, tous deux élus pour la première fois il y a quelques mois. Planteau est de Limoges où il fut peintre sur porcelaine, avant de monter à Paris, pour étudier la médecine, puis les langues étrangères, qui ont fait de lui un traducteur assermenté auprès de la cour d'appel de la capitale. Michelin, lui, est avocat. Maire du 7e arrondissement de Paris, il est tombé sincèrement sous le charme du général Boulanger.

Planteau et Michelin ont remplacé Camélinat et Hugues à Decazeville. Basly avait promis, il en viendrait d'autres ! Jamais mineurs n'auront vu autant de députés ! Planteau et Michelin leur ont parlé. Ils ont compris leur révolte, leur tourment, leur tragédie. Nom d'un petit bonhomme, ils négocieront donc pour eux ! Un petit tour et puis s'en vont. Les rues noires de la cité minière les ont changés des parquets lambrissés de la Chambre. Qu'en pense Basly ? On ne sait.

Planteau et Michelin, eux aussi, sont persuadés que si Blazy quittait Decazeville et si la Compagnie revenait aux anciens tarifs, la grève cesserait immédiatement. Ils rencontrent Freycinet et Baïhaut, puis Say, qui ne craignant de se répéter leur répond :

« Vous n'avez aucun mandat. Votre qualité de député ne nous apporte pas la certitude… »

Patati et patata…

Reprendre les ouvriers ? Mais bien sûr. Dans la limite des besoins.

Est-ce pourtant le même jour ? Blazy est monté à Paris, à la demande de la Compagnie, c'est sûr, et du gouvernement, peut-être.

L'État proposerait à Blazy une place d'ingénieur, comparable à celle qu'il occupe à la Compagnie. Un motif du conflit, et pas des moindres, disparaîtrait du même coup. C'est bien possible. Pourquoi sinon Clovis Hugues croiserait-il alors l'ingénieur fuyard dans les couloirs de la Chambre ?

« Tel que vous me voyez là, dit l'ingénieur au député, je suis tout près de donner ma démission. »

À force de les regarder, il fallait bien que Léon Say finisse par en prendre un. Un fiacre privé évidemment. Nous ne partageons pas notre banquette avec n'importe qui.

« Fouette, cocher ! Oh ! et puis non… Prenez votre temps… »

Comment il a renvoyé Michelin et Planteau dans leur Chambre ! Après leur départ, il a lu tranquillement le discours que Deseilligny a écrit pour le prochain conseil d'administration. Il est doué, Deseilligny.

Le fiacre dépose Léon Say au Sénat où il est attendu par Freycinet et Baïhaut. Cette rencontre avec le pouvoir républicain sera-t-elle plus fructueuse ? Le grand homme descend de son fiacre avec raideur.

Say ne s'habitue pas à cette évidence que sa famille politique est pour l'instant impuissante, d'où ses accès de férocité. Mais Say est comme la larve d'un insecte dans l'écorce d'un chêne, petite, mais qui le fera tomber. Question de temps. À la fin, la royauté triomphera, à tout le moins le règne de l'argent.

Baïhaut se fatigue sur la question. Au dernier Conseil des ministres, il a informé ses collègues que les démarches de Cayrade avaient échoué, que celles des députés Planteau et Michelin prenaient le même chemin. Comme promis, il a lu la pétition des commerçants de Decazeville. Les ministres ne cachent plus qu'ils sont excédés. Ils ont décidé que Say serait invité à venir conférer au ministère des Affaires étrangères pour arriver à la conciliation. Et puisque c'est comme cela, dès la rentrée du Parlement, la commission chargée d'examiner les propositions concernant les mineurs statuera sur le projet relatif aux délégués. En outre, le débat devra enfin s'engager sur la proposition de loi portant sur l'organisation des caisses de retraite et de prévoyance.

L'entretien est aussi cordial que possible. Say a bien examiné les trois *conditions* que les grévistes ou leurs représentants *officieux* ont soumises à la Compagnie. Quoique égale, la voix de Say marque les mots qui le fâchent ou l'arrangent.

« Blazy, grince-t-il. La Compagnie n'a toujours eu qu'à se louer des services de cet ingénieur. La Compagnie ne consentira à s'en séparer que s'il demande lui-même à reprendre toute sa liberté d'action. »

Baïhaut et Freycinet échangent un bref regard. Baïhaut l'informe :

« L'État vient de lui faire une proposition que, nous pensons, il ne peut décliner. »

Say ne montre pas qu'il est surpris ou déconcerté, peut-être qu'il le sait déjà, et continue :

« Le retour aux anciens tarifs… La Compagnie est dans l'impossibilité absolue d'augmenter les salaires. Si le travail pouvait reprendre, la Compagnie devrait, aussi bien dans son intérêt que dans celui des ouvriers, les maintenir au niveau actuel. »

Le grand homme, cela pourrait être édifiant, reste droit dans sa redingote.

« Enfin, dit-il comme si son autorité décidait de la réunion, la Compagnie ne consentira à reprendre les anciens ouvriers que dans la limite de ses besoins. La Compagnie n'a plus assez de travail pour en assurer à tous. »

La tension est palpable. Un silence s'ensuit, s'éternise. Avant que Freycinet ne déclare :

« Jusqu'à présent, le gouvernement n'est intervenu dans le conflit qu'à titre officieux. Son plus grand désir serait de persévérer dans ce rôle, sans chercher une autre solution, telle que celle de soumettre l'affaire au Conseil d'État… »

Say ne semble pas sensible à la menace. Freycinet ajoute :

« Le gouvernement souhaite d'autant plus vivement aboutir à la conciliation qu'il possède un droit de conservation, celui d'exercer sur toute propriété nationale. »

Quelques minutes plus tard, comme le seigneur de l'industrie qu'il demeure, Say remonte gravement dans son carrosse.

CONSEIL D'ADMINISTRATION DES HOUILLÈRES ET FONDERIES DE L'AVEYRON

Mai 1886 – Discours de Deseilligny (extraits)

[...] Ce ne sont pas ces ouvriers qui nous rendront responsables du prolongement désastreux de cette grève qui désole le bassin aveyronnais, et dont les conséquences seront, d'un côté des pertes considérables pour une société industrielle autrefois florissante, de l'autre côté la misère noire pour quelque temps, et la gêne prolongée pour la malheureuse population ouvrière.

Hélas ! Messieurs, nous savons trop comment ces choses-là arrivent. Dans toute grève, il y a quelques meneurs, en nombre infime souvent, beaux parleurs, heureux de jouer un rôle public et, en face, la masse des ouvriers, affolée par les grands mots et par l'intimidation, trompée par un faux esprit de fraternité. Ceux qui voudraient reprendre le travail sont nombreux, car la famille est là qui demande du pain ; mais ils n'osent pas ; ils auraient peur d'êtres accusés d'abandonner les frères et d'être traités de lâches [...].

Les responsables de ces calomnies, ce sont aussi, et surtout, ces personnalités remuantes, étrangères aussi bien à la localité qu'à l'industrie dont il s'agit, mais cherchant dans le bruit une mauvaise popularité qui les conduise à une situation politique, personnalités ignorantes des conditions de l'industrie, mais qui croient tout savoir et veulent enseigner les autres, et qui n'apportent aux malheureux ouvriers que des mots creux, de fausses idées et des illusions absolument trompeuses. [...]

Ah ! Messieurs, [...] comme une grève serait vite terminée, et comme l'entente serait vite faite, si les vrais ouvriers restaient seuls en présence de la Compagnie ! Les intérêts de celle-ci ne sont-ils pas solidaires des intérêts de ceux-là ? Sans doute, l'ouvrier trouve souvent son salaire maigre, et il arrivera plus d'une fois que sa réclamation sera légitime. Mais nous voyons aussi que, quand l'industrie prospère, les chefs haussent d'eux-mêmes les salaires et savent faire participer leurs ouvriers, dans une mesure équitable, à cette prospérité. Les chefs ont besoin des ouvriers comme ceux-ci de leurs chefs ; il faut donc qu'il y ait une entente commune, basée sur une estime réciproque et sur une véritable intelligence de la situation ; mais il faut pour cela que des éléments étrangers à la question en litige ne viennent pas se jeter à la traverse.

Plaignons les ouvriers, messieurs, quand ils sont malheureux, comme à Decazeville, et aimons-les ; ce sont nos collaborateurs, nous devons être leurs amis. [...]

Nous vivons dans un temps où la question dite sociale ne peut être négligée, et cette question pour les esprits calmes et clairvoyants se résume en ceci :

que celui qui travaille puisse vivre convenablement et le mieux possible de son travail, que le travail soit libre, et assuré, autant que possible, aux hommes de bonne volonté.

De son côté, que l'ouvrier sache que son propre intérêt est attaché à la prospérité de l'industrie, et que ce n'est pas par les grèves, fomentées et prolongées contre toute raison, qu'il arrivera à améliorer son sort, mais par le travail continu qui lui assure un salaire régulier, par la tempérance et par l'économie. Ses grèves n'ont qu'un résultat : c'est de tuer la poule aux œufs d'or.

Chapitre XXIII

LE TEMPS DES CERISES

Elle a une drôle d'allure, la poule aux œufs d'or, penserait Basly, à ce moment seul à table, dans la grande salle de l'hôtel Viguié. Il y mange tous les soirs ou presque, souvent tard après les réunions.

La servante, Marie, vient d'emporter la soupière, il a essuyé son assiette avec du pain et, comme toujours, elle lui lancera bientôt un regard où se mêlent l'admiration et l'inquiétude. Et si les gendarmes venaient l'arrêter dès potron-minet, lui aussi ? Comme monsieur Duc-Quercy ? Il ne faut pas. Les mineurs ont besoin de lui, n'est-ce pas ?

Maintes fois, Basly a rassuré Marie. Il est député. Il est protégé par son immunité parlementaire. Et puis, se dit-il, le gouvernement ne doit pas voir d'un mauvais œil sa présence à Decazeville, puisque son rôle est apaisant. Ce qui pourrait le menacer, c'est une certaine usure parfois.

Plusieurs semaines de grève, déjà. Au début, c'était encore l'hiver. Les jours ont rallongé. Des moineaux piaillent sous l'avant-toit. Un merle chante sur une branche du cerisier dans le jardin de l'hôtel. Marie dit que c'est agréable, plus que la poussière de charbon ! Basly lui sourit tandis qu'elle pose devant lui son assiette de farçous. Basly se sent bien, là, comme à L'Estaminet, à Anzin, il lui semble que c'était il y a une éternité. Basly se sentira toujours mieux près d'une fosse qu'à Paris, dans les couloirs de la Chambre.

Basly déguste les farçous, arrosés d'un vin qui pique un peu. La lutte creuse, surtout dans les mines. Le combat est bien organisé mais il y a tant de motifs de contrariété. Basly ne peut jamais avoir l'esprit en repos.

Il était à craindre que Planteau et Michelin, trop députés, trop Républicains, échouent. Et puis un fameux entrepreneur du nom de Remès entra dans le jeu. Pas politique, sûrement pas Républicain, il y avait une chance pour que la Compagnie l'écoute avec respect. Et donc, confiants, les grévistes renouvelèrent leurs revendications : retour aux anciens tarifs, paiement du boisage en sus du prix de la benne, paiement opéré par le chef de chantier et non par la Compagnie, marchandage direct avec le maître mineur et non avec l'ingénieur, amnistie générale pour les grévistes...

Le roi Léon Say convoqua d'urgence un conseil, à la suite duquel un télégramme fut envoyé aux délégués, disant en substance qu'il y avait beaucoup d'espoir dans la réussite de la négociation engagée, et que d'ores et déjà la Compagnie était disposée à accepter 4 sur 5 des conditions proposées... Le vent tournait-il favorablement ? Une réunion des délégués décida alors que les différends seraient soumis à l'arbitrage de Laguerre, Michelin et Laur, députés, de deux mineurs et de deux membres de la Compagnie. On pouvait espérer la fin du conflit, et puis à nouveau une volte-face. La Compagnie refusa l'arbitrage.

La Compagnie joue au chat et à la souris. C'est simple, elle ne peut pas ouvrir ses chantiers aux ouvriers qui, par leurs violences, se sont montrés hostiles à elle... Il se dit maintenant que la Compagnie a décidé d'embaucher des ouvriers dans les bassins étrangers.

Basly n'a encore jamais perdu son sang-froid. Et pourtant, la dernière réunion des mineurs a bien failli tourner au désastre. Carrié, toujours très engagé, et Soubrié, fraîchement sorti de prison, qui étaient en rapport avec Remès pour arriver à une entente, ont été accusés d'être vendus à la Compagnie. Un délégué est allé jusqu'à reprocher à Carrié d'avoir détourné des fonds destinés aux grévistes. Sans Basly, Carrié n'aurait pu se défendre tant le tumulte était grand. Une fois le calme rétabli, Basly a encouragé plus que jamais à la résistance. Dans la réunion suivante, la continuation de la grève a été votée à l'unanimité. On a fait sortir de la salle tous les ouvriers qui n'étaient pas mineurs. On a nommé cinq nouveaux délégués qui seront chargés de contrôler les actes des anciens et de surveiller la distribution des fonds. L'entrepreneur Remès n'est plus sur l'échiquier. À qui le tour ?

Malgré le jour qui fléchit, le merle chante encore dans le cerisier de l'hôtel Viguié. Un merle moqueur ? Marie allume quelques bougies et, en passant, se penche sur son assiette.

« Alors, ils sont bons, mes farçous ? »

Le député ouvrier se régale. Son regard ravi la contente, et elle s'éloigne. Basly la regarde qui disparaît dans la cuisine, et qui bientôt, dans la lueur des bougies et la fumée des pipes, lui revient avec une part de tarte aux pommes. Marie est la bienveillance même. Elle est empressée de la sorte avec nul autre. Basly aurait un désir pour Marie, ne serait la grève.

La grève qui dure, trop. Plus elle dure et plus le risque que la situation lui échappe grandit. Les désaccords apparaissent, et pire. La lassitude fait prévoir de nombreuses rentrées pour la semaine. Quelques ouvriers ont d'ailleurs déjà voulu reprendre le travail. Trop contente, la Compagnie a formé aussitôt une équipe qu'elle a affectée à Lavaysse. Des grévistes se sont alors postés sur les ponts pour les empêcher d'aller à leur besogne et, sans les gendarmes, cela aurait tourné au vilain.

Chaque nuit, les jardins des ouvriers qui ne veulent plus faire grève sont dévastés. En janvier, les mineurs promettaient la dynamite, et l'un d'entre eux a fini par allumer la mèche. À Combes, une cartouche a été lancée sur une maison. Il y a eu des dégâts importants mais, heureusement, aucun blessé. Plusieurs ménages ainsi qu'un officier du 17e d'infanterie vivent là. Le mineur visé s'appelle Theyssiols. Le sous-préfet Simon s'est rendu aussitôt sur les lieux. Un ancien mineur, délégué gréviste de 1878, un nommé Galand, a été mis en état d'arrestation. On a retrouvé de la dynamite à son domicile. L'affaire est entendue.

Basly finit sa tarte aux pommes et Marie lui sert le café, un café de taverne, qui reste au chaud longtemps sur un coin de la cuisinière. Elle aurait ajouté un peu de chicorée au marc qu'il se sentirait plus encore comme dans son pays d'Anzin. Marie sourit et, soudain, Basly chuchote :

« Vous connaissez cette chanson ? »

Et sans lui laisser le temps de répondre, il commence, la voix vibrante :

Quand nous chanterons le temps des cerises
Et gai rossignol et merle moqueur
Seront tous en fête
Les belles auront la folie en tête
Et les amoureux du soleil au cœur
Quand nous chanterons le temps des cerises
Sifflera bien mieux le merle moqueur...

Chapitre XXIV

UNE RAGE INTACTE

Blazy hors jeu, il ne reste donc plus qu'à résoudre la question de la réglementation du travail et des salaires, nom d'un chien ! Alors comment ? Qui ? Car d'autres ouvriers reprennent le travail. Combien ? La Compagnie recevrait de nombreuses demandes d'embauchage. Elle espère bientôt livrer cinq cents tonnes de houille par jour… Partout, maintenant, la dynamite explose. Alors, vite ! Il faut que cette grève s'achève.

Et qui donc pour un nouvel arbitrage ? Un député de plus ? Alors un homme qui aura servi les intérêts des mineurs, qui les a défendus à la Chambre, il a même fait certaines propositions de lois, et s'est déjà proposé comme arbitre. Basly ? Oh ! Non ! La Compagnie ne voudra jamais traiter avec lui.

Mais avec Laur, Francis Laur, pourquoi pas ? Il est ingénieur des mines. C'est George Sand, dont il est le fils adoptif, qui l'a encouragé à entrer à l'école des mines de Saint-Étienne. Laur a de fortes origines aveyronnaises. Cela peut aider…

Quelle vie, lui aussi ! Laur a commencé sa carrière politique en Algérie, avant de rejoindre Gambetta à Tours après la débâcle de 1870. Désormais député de la Loire, Laur doit sa fortune à un coup de chance incroyable. En 1881, il cherchait du charbon du côté de Meylieu-Montrond, et sa sonde, soudain, fit jaillir un geyser de vingt mètres de haut. Les thermes de Montrond-les-Bains étaient nés !

Qui a eu l'idée ? Peut-être Basly... N'importe ! Laur arrive à Decazeville. Les ouvriers mineurs lui donnent mission *de régler au mieux de leurs intérêts, et en son âme et conscience, tous les différends qui ont surgi entre eux et la Compagnie.* C'est décidé en réunion. Vingt-six délégués signent le texte où ils s'engagent, eux, à exécuter la sentence arbitrale. On ne dira pas qu'ils sont de mauvaise volonté...

Les mineurs auraient accepté l'arbitrage de Laur sous la pression des métallurgistes et des commerçants. Ils accepteraient même, purement et simplement, certaines propositions de l'ennemie...

Laur n'a plus qu'à attendre la réponse de la Compagnie, qui rappelle Petitjean à Paris et réunit un nouveau conseil d'administration. On ne chôme pas rue Gramont ! Alors, voyons... Décodons...

La Compagnie serait disposée à tenir compte du vœu exprimé par les grévistes au sujet de la durée de séjour dans la mine. Le travail commencerait à

6 heures et prendrait fin à 14 h 30, sans repos spécial pour le déjeuner. Hum…

La Compagnie consentirait à ce que le choix des manœuvres soit laissé aux chefs de chantier, sous cette réserve que ce choix serait soumis à l'agrément de l'ingénieur. Hum…

Enfin, il y aurait deux prix de bennes. Il s'agirait de maintenir les anciens tarifs pour les chantiers où il n'y a pas de boisage. Il y aurait un second tarif pour la benne avec boisage. Le cadre de boisage, qui se compose de trois pièces, serait payé comme une benne de menu. Hum…

Oui, mais non. Deseilligny adresse bientôt à Laur cette dépêche :

« Le conseil regrette de ne pouvoir accepter les termes généraux de votre arbitrage. La Compagnie ne peut admettre d'intervention d'arbitre que sur une seule question : la vérification de l'équivalence des tarifs du 26 février avec les tarifs précédents. Sur ce point spécial, le conseil reste à votre disposition, en vous remerciant de votre bienveillante intervention. »

Dans le train qui le ramène à la capitale, Laur ne décolère pas. Il se promet d'intervenir à la Chambre. Basly a décidé de remonter aussi, demain peut-être.

Tout le monde s'interroge et s'agace. Même les journaux proches de la Compagnie. *Le XIXᵉ Siècle* ne s'était pas encore départi de la règle d'impartialité qu'il s'était fixée. Le journal observe que la Compagnie ne se comporte pas de la meilleure des façons. Pourquoi cette inflexibilité ? Il suffirait pourtant encore, et malgré la maladresse commise à l'égard de Laur, d'un peu de bon vouloir réciproque pour arranger les choses…

Laur ne termine pas l'article. Il attrape *Le Voltaire* sur la banquette et le survole, les dents serrées.

Mais que fait le gouvernement, à part se croiser les bras ? À qui incombe la responsabilité de ce qui va se passer ? Certes, à la Compagnie et à ceux qui la conseillent si mal. Mais c'est malheureusement le gouvernement qui est en jeu, c'est lui qu'on interpellera bientôt…

Laur est furieux mais il n'a pas dit son dernier mot. La Compagnie a refusé sans motifs plausibles son arbitrage. Sans même prendre la peine de discuter les propositions, elle s'est contentée de lui répondre avec dédain. Son arrogance exaspérante encouragera les mineurs dans la lutte, et tous les gens de cœur les soutiendront. Leurs conditions étaient pourtant des plus acceptables. Ils avaient transigé sur la plupart des points et la Compagnie avait le devoir d'en tenir compte. En agissant ainsi, la Compagnie donne raison à ceux qui prétendent qu'elle désire voir la grève s'éterniser.

En s'obstinant à rejeter tous les arrangements, elle risque fort de s'aliéner les quelques partisans qu'elle a encore. Ce n'est pas Laur qui va la plaindre !

À ce moment-là, Basly n'est pas moins fâché, mais il a de la bouteille. Il réunit les mineurs de tous les puits et leur annonce son départ pour Paris.

« Je vous promets d'être de retour au plus tard le 1er juin. Je vous exhorte à résister plus que jamais, mais à ne prendre aucune décision nouvelle en mon absence. »

Ces démarches de Laur et Basly seront vaines. Maintenant, beaucoup le pensent, cela va mal finir. Les ouvriers sont aussi ardents à la résistance que la Compagnie résolue à ne rien accorder. D'arbitrage, il n'est plus question.

La Compagnie annonce de plus en plus de défections parmi les grévistes. La preuve, elle rouvre ses ateliers. Les forges, c'est pour bientôt. Tous les métallos rentreraient dans le rang. Et elle annonce qu'elle sera obligée de baisser les tarifs. Il faut rattraper les pertes de la grève... La Compagnie décide à Firmy d'une réduction de 10 centimes par mètre cube de charbon extrait...

La bonne volonté de Laur n'est pas entamée, et elle fait naître certaines idées saugrenues. Ainsi le délégué Carrié reçoit bientôt cette dépêche :

« Si je venais avec mandat d'embaucher quelques centaines de mineurs pour les chantiers de l'Algérie ou de Paris, le Comité pourrait-il faire rentrer les autres ? Ne comptez guère sur l'interpellation. Agissons. Deuxièmement, accepteriez-vous alors un arbitrage où il ne serait pas question de la réintégration des grévistes ? Salut fraternel. »

Le comité se réunit pour statuer sur cette proposition mais les ouvriers sont las de pourparlers inutiles.

Basly est déjà de retour à Decazeville. Il a tenu sa promesse. On est le 30 mai.

Basly revient les mains vides, mais les mineurs ne le savent pas encore, et ils l'attendent sur le quai, avec des bouquets de fleurs, des drapeaux tricolores. Le cortège suit le mineur indomptable jusqu'à l'hôtel Viguié, puis se disperse, sans heurts, mais avec une rage intacte.

Chapitre XXV

LES DERNIERS FEUX

Aucun attentat ne fait de morts humains. Et pourtant !

Une cartouche de dynamite à Firmy, sur le seuil du mineur Cavalier, commissaire de la caisse de secours, accusé d'encourager à la reprise. Le sous-préfet Simon se rend sur les lieux du sinistre. On arrête Delsol, qui est conduit en catimini à la prison de Villefranche. Les traîtres y réfléchiront à deux fois avant de reprendre le travail…

Un incendie à Combes. Le feu embrase la maison de la veuve Mouly, où habitent des militaires. Du renfort accourt mais, soudain, les cartouches laissées par les soldats provoquent plusieurs explosions. Deux hommes sont légèrement blessés. Un cheval périt dans les flammes.

Une cartouche de dynamite à Bourran, dans la maison de Combal. Encore un traître ! Cinq personnes vivent là. La cartouche est introduite dans le trou de l'évier, par l'extérieur, et explose en pleine nuit. Ils ont eu chaud !

Le sous-préfet Simon ne sait plus où donner de la tête. Dietz, le chef de la Sûreté, non plus. Ils ont à peine commencé à enquêter là qu'une autre explosion se produit ici. Un mineur est visé à Palayret. Et encore un autre, à Decazeville même.

La famille Fromental vit sur les hauteurs. La femme tient une épicerie. L'homme, mineur à Bourran, a repris le travail depuis quelques jours. Dans la nuit, une cartouche de dynamite est lancée contre le commerce. Les forces de l'ordre débarquent en grand nombre. Le sous-préfet commence à se demander si l'obscurité dans laquelle la ville est plongée la nuit ne favorise pas les attentats. La fille des Fromental est tellement choquée qu'elle tombe dans une violente attaque de nerfs. Elle rejette du sang en abondance. Elle était déjà affectée par la mort de son mari, survenue dans la mine quelques jours avant les événements de janvier. Un nommé Phalip, mineur, qui habite la maison voisine, est arrêté et conduit à la gendarmerie. C'est le frère de la fille Phalip, compromise dans le meurtre de Watrin…

Basly fait la grimace, à cause de ces débordements qui ne servent en rien la grève, mais aussi des dépêches qu'il reçoit. Le député Laur, qui ne semble jamais à court d'idées, lui écrit :

« *Faites descendre les ouvriers aux mines. Les souscriptions et le produit des conférences que nous ferons à Paris rapporteront suffisamment pour payer aux ouvriers les dix centimes par benne que la Compagnie leur refuse. La question des tarifs sera ainsi réglée. Si ma présence est nécessaire, je viendrai.* »

Basly soupire, et répond à Laur :

« *Votre présence est indispensable pour faire accepter votre proposition. Avisez-moi par télégramme si vous venez.* »

Basly ne peut s'engager. À la vérité, même sous la torture, il ne pourrait accepter pareille proposition. Les ouvriers payés par les socialistes plutôt que par leurs exploiteurs ! On aurait tout vu ! Les grévistes ne demandent pas la charité, enrage Basly, ils réclament leur juste droit !

Mais le ciel s'assombrit toujours un peu plus, et Basly sait mieux que quiconque toutes les étapes d'un mouvement de grève, l'exaltation d'abord, tous les espoirs permis, et puis le risque de l'enlisement et de la défaite. La grève, il faut le reconnaître, n'est plus générale, et la Compagnie doit saliver comme le loup devant la brebis perdue.

Quelques jours plus tard, un pont construit par la Compagnie est en partie détruit. Cayrade a pourtant décidé que dorénavant la ville resterait éclairée toute la nuit.

Basly et Carrié sont sur le quai de la gare pour accueillir Laur. Les poignées de main sont fermes et chaleureuses.

« Marie, lui dit Basly, a préparé une chambre à mon hôtel.

– Très aimable… »

Députés et délégué émergent d'un pas tranquille de la fumée que disperse encore la locomotive. Il n'y a pas de limite entre la voie et les usines. Les trains de houille se greffent un peu plus loin au réseau. On bascule aussitôt dans un monde à l'aspect redoutable. Chemin faisant, les trois hommes discutent. Laur s'enquiert :

« Toutes ces explosions ont un effet fâcheux, n'est-ce pas ?

– Elles n'ont fait que des dégâts matériels, raconte Basly, mais elles commencent à terrifier la population. Des propriétaires, qui logent des mineurs ayant repris le travail, ne veulent plus se coucher. Ils font des tours de garde… Ils chassent parfois leurs clients pour échapper aux représailles… L'armée est plus que jamais présente. Des patrouilles circulent partout, jour et nuit.

– Mais à part ça, enchaîne vivement Carrié, toutes les réunions font le plein. »

Basly lui jette un bref regard. Il préfère le laisser dire. Oui, le plein des ouvriers qui n'ont pas encore repris le travail, et il ne faudra plus longtemps avant que leur nombre ne s'amenuise encore. Comme pour parer la réticence, Carrié précise :

« Les dernières réunions de Combes et de Firmy ont été fort nombreuses et très enthousiastes. Nous avons engagé les mineurs à voter librement, au scrutin secret. On a voté la grève à l'unanimité absolue.

– Combien étiez-vous ? demande Laur.

– Plus de quatre cents… »

Des dragons passent à bride avalée. Les trois hommes s'écartent pour ne pas être éclaboussés de boue noire. Carrié a voulu porter la valise du député, qui a refusé. Alors que les soldats s'éloignent, Laur considère le paysage, les vastes bâtiments hérissés de cheminées et noyés d'ombres, se demandant comment Basly a bien pu vivre ici toutes ces semaines. Il n'ignore pas qu'il fut mineur, mais tout de même.

« Tous les grévistes sont prévenus de votre arrivée, enchaîne Basly. Je leur ai parlé de vos propositions, de cette idée qu'ils reprendraient le travail, que l'argent des collectes et des conférences compléterait alors leur salaire…

– Et ?

– Les mineurs repoussent cette combinaison, intervient Carrié. Ce n'est pas ce qu'on veut… »

Laur demeure silencieux un instant, puis remarque :

« L'ambiance ne risque pas de s'améliorer… Je veux vous parler. »

Laur s'adresse à Carrié, et donc à tous les grévistes.

« Mais pas aujourd'hui, répond ce dernier. La réunion de ce soir n'aura pas lieu, à cause de l'explosion du pont. »

La réunion se tient le lendemain à l'abattoir. C'est un de ces moments qui galvanisent un homme. Laur suinte la distinction. Il a une allure bourgeoise et pourrait, ce serait compréhensible, inspirer de la méfiance. Laur a-t-il conscience que pourrait se jouer là l'estime à gagner pour toute sa vie ?

D'abord, il faut balayer un doute. Francis Laur n'a aucun lien de parenté avec Joseph Laur, l'ingénieur général des mines qui a bâclé son rapport d'inspection des galeries à la demande du gouvernement.

Ils sont plus de mille mineurs. C'est dire l'espoir encore. Basly préside, assisté de Carrié. Laur se lève et commence :

« Citoyens, permettez-moi de vous remercier. Quoique votre compatriote, quoique Aveyronnais, je n'étais jamais venu parmi vous, et lorsque vous m'avez vu pour la première fois, j'étais plutôt désigné à vos soupçons qu'à votre bienveillance. Vous n'avez pas craint de vous confier à moi, cependant, et de me charger de rendre une sentence qui, si la Compagnie avait bien voulu suivre votre exemple et accepter mon arbitrage, eût ramené entre vous et elle cet accord dont il est si grand besoin. »

Les mineurs sont d'emblée captivés, acquis. Laur marque un temps de silence puis enchaîne, tout son être dégage une assurance et une ardeur rares :

« Lorsque j'ai vu mes propositions repoussées par la Compagnie, je suis monté à la tribune de la Chambre et j'ai dit très haut ma pensée sur les événements de Decazeville, sans toutefois indiquer la cause principale, la cause absolument vraie, la cause unique de la naissance et de la prolongation de la grève. Cette cause, je veux la dévoiler ici, devant vous : la Compagnie des Houillères & Fonderies de l'Aveyron a soulevé la grève et veut sa continuation pour mater la République, pour la discréditer, pour provoquer de nouvelles journées de Juin et pour noyer dans le sang, ainsi qu'en 1848, les libérales institutions auxquelles le pays s'est si fermement attaché et qu'il est si résolu à conserver et à défendre ! »

Le premier respect de Laur à l'égard des mineurs est de leur parler comme il parlerait à la tribune. La salle explose soudain en applaudissements que Basly, avec un geste des mains, peine à éteindre.

« La Compagnie assure que j'ai commis des erreurs si nombreuses dans mon discours qu'il ne saurait être utile ni aux ouvriers ni à la Compagnie ! Mais quelles sont donc ces erreurs ? Qui les a réfutées ? Je maintiens toutes mes appréciations et tous mes chiffres. La preuve qu'ils sont exacts, c'est qu'il ne s'est point trouvé, même dans la presse orléaniste, personne qui ait essayé de les attaquer. »

Laur parcourt l'assemblée du regard, s'attardant à fixer un mineur et un autre, comme s'il voulait sonder le caractère et la volonté de tous. D'autres applaudissements ont éclaté, qui se calment peu à peu, et Laur reprend :

« Je suis convaincu que le droit est tout entier de votre côté. Ce n'est pas vous, c'est la Compagnie qui a déclaré la guerre !

– La guerre ! Oui !

– Malgré tout, vous devez rester calmes. Vous ne devez pas donner le spectacle d'hommes qui ne se possèdent pas. Continuez la guerre légale. Cette attitude vous vaudra alors les sympathies du pays tout entier. »

De nouveaux applaudissements. Basly hoche la tête. Ce discours impressionne, de la part d'un homme que l'on dit chaque jour un peu plus séduit par le général Boulanger.

« Je suis venu pour vous dire la vérité... Vous croyez pouvoir résister longtemps encore... C'est une illusion. Le jour viendra où l'on ne pourra plus vous envoyer de secours, et alors vous serez obligés de vous disperser dans les campagnes. Vous irez quêter le pain que la Compagnie vous refuse. Vous avez inauguré une ère de résistance, vous avez provoqué une crise qui s'appellera la crise de

Decazeville. Je suis sûr que ce n'est pas vous qui avez tué Watrin, de même que je suis convaincu que vous n'êtes pas les auteurs des attentats de ces derniers jours... »

Laur est persuadé que les mineurs doivent maintenant retourner au travail, mais il sait aussi que cette perspective est inacceptable. Aussi, il avance avec précaution, nouvelles propositions à l'appui.

« Si vous rentrez dans la mine isolément, toutes vos souffrances seront perdues, et on dira que vous avez capitulé. Si, au contraire, vous prenez bien vos mesures, vous pouvez renverser les rôles et faire, à votre tour, capituler l'oligarchie financière. Il faut que vous arriviez à opposer le capital au capital. Il faut que vous fassiez comme en Angleterre. Si la Compagnie fait des bénéfices, parts à deux. Sinon, la grève. Non pas la grève qui consiste à tendre la main et à avoir recours à la charité, mais la grève avec des capitaux, avec des millions.

– Mais comment ? crie un mineur.

– Ces capitaux, il y a un moyen de les trouver. Profitant de la sympathie que vous avez inspirée, il vous faut constituer une caisse de résistance. La presse républicaine ouvrira une souscription qui formera le premier noyau, et au besoin la Chambre vous votera des fonds. Ce sera alors le moment de demander que certaines mines soient concédées aux mineurs.

– La mine aux mineurs !

– Oui, messieurs ! Il y a, dans l'Aveyron, des gisements où il faudrait très peu d'avances de fonds. Qu'on les donne aux mineurs qui ont souffert de la situation actuelle et qui ont fait preuve de socialisme. Ils le méritent ! »

Les mineurs auront bientôt les mains brûlantes à force de bravos. On n'entendrait pas la dynamite exploser à deux pas. Ils exultent.

« Vive monsieur Laur ! Vive la grève ! »

DÉPÊCHES TÉLÉGRAPHIQUES

Decazeville 7 juin.
Un mineur a tiré un coup de fusil sur un individu qui était en train de dévaster son jardin. Le maraudeur n'a pas été atteint. Mais il a été rejoint après une vigoureuse poursuite et remis entre les mains de la gendarmerie. Mathieu, voleur de profession, a déjà subi plusieurs condamnations pour méfaits de ce genre.

Decazeville 7 juin.
L'effet produit par le discours de Laur se fait heureusement sentir. La résistance a été votée avec enthousiasme, mais les esprits sont plus calmes. La nuit a été tranquille. Aucune explosion.

Decazeville 7 juin.
Le directeur de l'usine à gaz a reçu une lettre anonyme le prévenant qu'on voulait faire sauter l'usine. Les postes environnants ont été doublés et les patrouilles multipliées.

Decazeville 8 juin.
Cette nuit, la sentinelle placée aux abords du puits Lacaze, ayant aperçu un individu qui se dirigeait vers

elle, a crié : « Qui vive ! ». N'obtenant pas de réponse, elle a fait feu, mais sans atteindre le rôdeur.

Decazeville 10 juin.
La nuit dernière a été troublée par l'explosion de deux cartouches de dynamite, l'une chez le sieur Issalys, mineur, l'autre chez son voisin le sieur Joffre. C'est la deuxième fois qu'un attentat est commis contre le sieur Issalys. Heureusement, il n'y a pas de victimes à déplorer.

Chapitre XXVI

FIN DE GRÈVE

Le conseil municipal de Paris a créé une commission. Le 9 juin, son rapport préconise la déchéance de la Compagnie des Houillères & Fonderies de l'Aveyron. La commission considère que la Compagnie s'est montrée incapable de diriger l'exploitation des mines de Decazeville, en accord avec l'intérêt public. *Considérant que le maintien de la concession de ces mines est en contradiction avec l'intérêt général de la nation et en opposition flagrante avec les lois qui régissent l'exploitation minière,* elle émet le vœu que l'État annule ses actes de concession et la déclare déchue de son droit de propriété.

C'est ne pas aller avec le dos de la cuiller. Le préfet de la Seine fait toutes ses réserves sur le côté politique de ce vœu, mais le rapport est adopté par 25 voix contre 12. Un membre de la commission va encore plus loin. Il exige que toutes les propriétés, canaux, mines, chemins de fer, concédés par l'État à des compagnies fassent leur retour à la nation.

Comment Léon Say se sent-il ? La Chambre est contre lui. Le gouvernement est contre lui. Le conseil de Paris est contre lui. Contre lui aussi, l'opinion publique. Il n'est plus possible de desserrer l'étau.

Le roi Say regarde toujours les fiacres qui passent rue Gramont, mais sans vraiment les voir.

« Gastambide, dit-il sans se retourner, votre rapport. Succinctement, s'il vous plaît. »

Gastambide est installé dans son fauteuil préféré, bien mis comme à l'ordinaire, mais le visage pâlot, les paupières un peu rouges.

« Le conseil général des mines désignerait trois personnes pour étudier la question des tarifs…

– Un nouvel arbitrage, en somme.

– C'est cela… »

Les deux hommes restent silencieux un instant. Puis Say se lance dans une sorte d'énumération :

« 10 centimes de plus par benne de charbon gros. Le boisage payé à part… »

Say ne montre aucun sentiment et parle comme si le problème venait seulement de se poser.

« Prenez note, Gastambide, de cette *modification*. Avec effet rétroactif au 1er juin. »

Marie a servi le café. Les fleurs du cerisier sont depuis longtemps tombées mais le merle chante toujours.

La continuation de la grève vient à nouveau d'être votée à l'unanimité et Basly pense qu'une intervention plus énergique du gouvernement aurait été décisive, il avait les armes pour imposer plus tôt à la Compagnie une solution raisonnable. Mais mieux vaut tard que jamais.

Tout le monde dans un conflit, se dit Basly, devrait admettre sa défaite pour parvenir à une paix digne.

Quand, le lendemain, Basly parle à Carrié, celui-ci est embarrassé. Le moment ne serait-il pas venu de reprendre le travail ? Basly suggère :

« Convoquons des réunions à Combes, Firmy et ici à Decazeville. Appelons à voter la reprise du travail… Oui ou non, au scrutin secret.

– Je dois en parler aux autres délégués.

– Bien évidemment… La Compagnie cède. Vous avez triomphé, Carrié.

– C'est bien vrai ?

– N'avez-vous pas vu l'affiche que vient de placarder la Compagnie ? La benne de gros à 2 francs, de menu à 75 centimes. Le boisage complet payé à part, 75 centimes aussi. »

Carrié hoche la tête. Tout cela pour ça, semble dire son regard.

La dernière réunion rassemble les mineurs de tous les puits. L'ordre du jour, proposé par Basly, est voté à l'unanimité :

Les ouvriers mineurs de Decazeville, Combes et Firmy, réunis en assemblée générale le samedi 12 juin, déclarent accepter pour le moment les conditions offertes par la Compagnie des Houillères & Fonderies de l'Aveyron dans son affiche apposée le même jour. Et décident qu'ils reprendront tous leur travail.

La joie explose dans tout le bassin houiller, le soulagement est grand partout. La grève se termine le 14 juin. Elle aura duré 108 jours.

Alors que les mineurs s'apprêtent à redescendre dans les puits, les auteurs présumés du meurtre de Jules Watrin gravissent les escaliers de la cour d'assises de Rodez.

LE PROCÈS

*Une poche de rancune crevait
en eux, une poche empoisonnée,
grossie lentement.*

Émile Zola/Germinal

L'avocat de la partie civile tenait à voir par lui-même les lieux du drame. Le président Mattéï, lui aussi, visitait ce jour-là les mines et les forges, mais afin de se renseigner sur les divers services et le sens de certaines expressions techniques. On ne jugera pas en méconnaissance du pays et de ses usages.

Mardi 15 juin 1886, très tôt, malgré les soldats, une foule houleuse inonde la rue Sainte-Marthe comme tous les autres accès à la prison. Quatorze gendarmes à cheval attendent les prisonniers qui, bientôt, sont dirigés par d'autres gendarmes jusqu'à un omnibus. Tous ne peuvent pas y tenir et Caussanel va à pied, à la traîne, enchaîné, sous bonne garde.

Le cortège sort de l'impasse de la prison, il est 8 h 45. On se bouscule. On cherche à voir les prisonniers qui font des signes à la foule. Beaucoup de simples curieux. Une jeune femme pleure, désespérée. Le trajet est court jusqu'au tribunal où, dans la cour pavée, les accusés sont extraits de l'omnibus pour être aussitôt conduits dans la salle d'assises où ils prennent place sur deux bancs.

Premier banc : Lescure, Bedel, Blanc, Caussanel, Cayla femme Pendariès.

Deuxième banc : Souquières, Granier, Chapsal, Puech, Phalip Eulalie.

Le fond de la salle réservé au public est très vite rempli d'habits noirs et de blouses bleues. Il y a beaucoup de femmes. On remarque un prêtre.

Chapitre XXVII

7 KILOS 500

Est-ce le signe d'une époque incertaine, d'une république fragile ? Léon Say sera bientôt reçu à l'Académie française. Un homme d'esprit, homme aimable, ami de son siècle et du progrès, libre en ses jugements. Le physique jovial, les yeux pleins de malice rieuse, la voix caressante. Say respire la bonne grâce et le contentement de vivre… C'est *L'Illustration* qui l'écrira dans son panégyrique. Say mérite bien l'Académie.

Et le Pont-Neuf ? Le scaphandrier a fait le boulot. Enfin, on a asséché, échafaudé. Maintenant, on taille, répare, renforce, colmate. Le Pont-Neuf se refait une beauté. Mais l'avenir, c'est encore et toujours et malgré tout le fer. En ce mois de juin, messieurs Eiffel et Sauvestre ont la joie d'être parmi les finalistes d'un concours. Il s'agit d'une grande tour pour l'Exposition universelle de 1889. Il y a, nous dit-on, une idée neuve et audacieuse qui ne peut germer dans la tête du premier venu.

Et le Congo ? Le Congo est toujours aussi loin, comme le Tonkin où va mourir Paul Bert. On attendra pour pleurer.

À la Chambre, se prépare une loi d'exil bannissant du sol français les chefs des familles royales et impériales ayant régné sur la France. Seront expulsés le comte de Paris, le duc d'Orléans, les princes Napoléon et Victor. Seront rayés des cadres de l'armée le duc d'Aumale, le duc de Chartres, le duc d'Alençon, le duc de Nemours et le prince Murat. On attendra pour pleurer aussi.

« Il y a toujours de la poésie, écrit Clovis Hugues, député et poète, où il y a conviction et sincérité. » Au Théâtre du Château-d'Eau se tient un nouveau meeting en faveur des mineurs de Decazeville. Jules Guesde clame que la Compagnie des Houillères & Fonderies de l'Aveyron n'a pas perdu d'argent, qu'elle a fait au contraire d'énormes bénéfices. Il l'accuse de mentir lorsqu'elle prétend que ses actionnaires ne touchaient que de faibles dividendes. « *Laur a prouvé devant la Chambre que les bénéfices annuels de la Compagnie étaient de 50 millions. La Compagnie veut effrayer les petits capitalistes pour faire baisser les actions que Léon Say et les grands financiers rachèteront ensuite.* » Goullé, rédacteur du *Cri du peuple*, défie la police de venir l'arrêter, et avertit les mineurs que le procès leur sera défavorable car le seul maître de Rodez est l'évêque…

Au fil de la grève, nous en avons appris chaque jour un peu plus sur l'enquête.

Deux cent soixante-dix personnes auront été entendues tant par le juge d'instruction que par le juge de paix. Le 8 avril, dix inculpés en tout étaient incarcérés à la prison de Villefranche. Le dossier de l'affaire Watrin pèse 7 kilos 500. Il a été expédié au procureur général. Comme la poste ne se serait pas chargée d'un dossier aussi lourd, comme des pièces auraient pu s'égarer, le juge a commis un gendarme à ce transport.

En mai, la chambre des mises en accusation de la cour d'appel de Montpellier a rendu un arrêt renvoyant l'affaire devant la cour d'assises de l'Aveyron. Les accusés ont été extraits de la prison de Villefranche et conduits à Rodez par le chemin de fer. Sept gendarmes les escortaient. Aucun incident ne s'est produit.

Le procès, enfin ! Sans surprise, Matteï, conseiller à la cour de Montpellier, sera le président. Baradat, procureur général près de la même cour, représentera le ministère public et soutiendra donc l'accusation. Renault, sénateur des Alpes-Maritimes, lui, plaidera pour la famille Watrin, qui s'est portée naturellement partie civile.

Quant à la défense, il s'est agi de se répartir les rôles, peut-être bien au hasard. Neuf avocats, dont cinq députés, défendront les dix accusés. Laguerre pour Bedel, Menuelle pour Cayla femme Pendariès, Gaillard pour Lescure, Maillard pour Blanc, Peyron pour Puech, Puech pour Caussanel, Bouchez pour Chapsal, Crémieux pour Granier, Millerand enfin pour Souquières et Phalip.

On s'en souvient : Maillard a défendu le délégué Soubrié, Laguerre et Millerand ont défendu les journalistes du *Cri du peuple* et de *L'Intransigeant*. Ils ont soif de revanche.

Maître Puech défendant l'accusé Puech eût été à n'en pas douter cocasse. Le jury ne s'y perdra pas, c'est à souhaiter.

Les avocats ne sont-ils pas quelque peu déroutés par le caractère, la nature profonde de leurs clients ? Une question que, bien vite, l'on se pose.

Chapitre XXVIII

L'AUDIENCE EST OUVERTE

Audience du mardi 15 juin

La comédie à côté du drame, estime *L'Aveyron républicain*. Le palais et ses abords sont livrés aux charpentiers et aux menuisiers. À l'intérieur, on agence autrement la salle d'assises, c'est qu'il y aura beaucoup de monde, public et témoins, et on n'attend pas moins de vingt-deux journalistes de France et d'ailleurs. À l'extérieur, on dresse des barrières, élève des guérites et des baraquements, comme pour un état de siège. Le palais est converti en citadelle. Une garnison la protège. *L'ennemi peut venir, il sera bien reçu !*

Tous les défenseurs sont maintenant à Rodez, sauf Laguerre, qui sait se faire désirer, il est attendu par le train du lundi soir. Le sénateur Renault, Léon, est arrivé dimanche. Il est descendu à la maison Bruguière où lui était réservé un appartement. Le lendemain matin, il s'est rendu à Decazeville.

La presse s'est installée aussi. Ils sont là ! De *La Lanterne* au *Gaulois*, de *L'Intransigeant* au *Figaro*, du *Cri du peuple* à *L'Illustration*, et tant d'autres ! Et prennent place ensuite les avocats de la défense et le sénateur Renault. Et enfin apparaît la cour. L'audience est ouverte !

Au nombre des jurés tirés au sort se trouvent un ingénieur de la Compagnie et le sous-directeur d'une verrerie située à côté de Decazeville – ils sont naturellement récusés par la défense. Défense et accusation épuisent leur droit de récusation, huit pour chacune.

Une certaine hâte est perceptible, mais on ne peut brûler les étapes. Les jurés choisis prêtent serment. Le président fait décliner leur identité aux accusés. Un greffier donne lecture de l'acte d'accusation, qui dure quarante-cinq minutes. Après quoi Renault se lève et expose qu'il représentera Marie-Jeanne Watrin, domiciliée à Briey, Meurthe-et-Moselle.

Plaise à la Cour, donner acte à Mademoiselle Watrin de ce que, elle déclare se porter partie civile dans les poursuites criminelles intentées contre 1 Lescure, 2 Bedel, etc., et qu'elle conclut à ce qu'il lui soit alloué un franc à titre de dommages-intérêts ; et les dépens contre les accusés.

La cour, ayant délibéré, reçoit Marie-Jeanne Watrin en partie civile. Puis il est procédé à l'appel des témoins cités à la requête du parquet. Ils sont cent vingt-six. Trois ne répondent pas à l'appel de leur nom. Le premier est mort, le deuxième dans une maison de santé et le troisième retenu par un service d'ordre public.

Les témoins cités à la requête des accusés sont au nombre de seize...

Tous les témoins sont invités bientôt à se rendre dans la salle mise à leur disposition.

L'audience est suspendue cinq minutes. À la reprise, le président Mattéï fait distribuer aux jurés deux plans, l'un du *plateau* de Decazeville, l'autre de la maison où a été commis le crime. Leur sont soumises ensuite les pièces à conviction :

1 : Une embarre de wagonnet. 2 : Une barre de fermeture de fenêtre, en deux morceaux. 3 : Un éclat de bois de sapin. 4 : Une branche de niveau d'eau. 5 : Des pierres recueillies dans la dernière pièce où se trouvait Watrin. 6 : Une épingle à cheveux de femme. 7 : Une épingle ordinaire. 8 : Un bouton rond. 9 : Une barre de fer. 10 : Une grosse bûche en bois de chêne. 11 : Un chapeau. 12 : Une veste d'artilleur. 13 : Un cabas en paille contenant une bouteille de vin. 14 : Une ceinture de mineur.

Des explications sont données puis le président lève la séance, qui reprendra à 14 heures.

Les principaux moments du drame, nous les connaissons. Toutes les pièces du puzzle, toutefois, ne sont pas posées. Nous avons assemblé celles à notre disposition le lendemain du meurtre, sur la base des témoignages à chaud, retranscrits dans la presse de manière souvent aléatoire. Nous avons posé les éléments concordants, les plus crédibles, qui ne risquaient pas d'être contredits a posteriori.

La chronologie est connue. Nous ne nous attarderons pas sur les moments indiscutables. Nous compléterons les scènes que, dans le feu de l'action, dans la multitude humaine, nous ne pouvions encore percevoir avec précision.

Il y avait du monde sur la scène du crime, et chacun a tenu son rôle. Les souvenirs sont différents, variés, épars, complémentaires. Enfin révélés, mis bout à bout, ils vont amener à une meilleure compréhension du drame, à saisir autrement son origine et à ressentir toute sa violence.

Il ne sera pas question ici de prendre parti pour les uns, de douter des autres. Ce n'est pas à nous de juger. La Justice l'a déjà fait.

Chapitre XXIX

ACCUSÉS, LEVEZ-VOUS !

Audience du mardi 15 juin

Qui a fait quoi ? Les coupables n'étaient encore pour nous qu'une horde sauvage, une masse déchaînée et sanguinaire.

L'acte d'accusation souligne que la confusion, la similitude des costumes, la terreur inspirée à la plupart des témoins par les auteurs du crime rendent la tâche difficile. Comment connaître la part que chacun des accusés a prise exactement ? L'instruction a eu pour objectif de répondre à cette question. Aussi l'acte de conclure :

« *En conséquence, les nommés Lescure, Granier, Souquières et Chapsal sont accusés d'avoir, le 26 janvier 1886, à Decazeville, comme coauteurs, commis volontairement un homicide sur la personne du sieur Watrin. Et ce avec préméditation. Bedel, Blanc, Caussanel, Cayla, Marie, femme Pendariès, Phalip Eulalie et Puech, d'avoir le 26 janvier 1886 à Decazeville, aidé ou assisté avec connaissance les auteurs de l'action ci-dessus spécifiée et caractérisée dans les faits qui l'ont préparée ou facilitée ou dans ceux qui l'ont consommée.*

Crimes prévus et punis par les articles 295, 296, 297, 302, 59, 60 du Code pénal. »

Le premier accusé à être interrogé est Lescure. Le président Mattéï commence :

« Il y a quelques années à Rodez, vous avez frappé un camarade d'un coup de sabre, pour un motif des plus futiles... Vous avez encouru en tout cinq condamnations pour divers faits de violences... »

Lescure Henri, 36 ans, mineur et père de trois enfants, est un homme bien taillé. Doté d'une force peu commune, il travaille à l'occasion comme hercule forain. Il aime la bagarre, à coups de poing ou de bâton.

« Pourquoi vous êtes-vous jeté dans cette grève ?

– Je souffrais beaucoup. On ne travaillait que 10 à 13 jours par mois.

– La Compagnie indique que la moyenne du travail était de 15 à 17 jours... Vous avez été renvoyé.

– Je n'ai pas été renvoyé.

– Vous avez bien été renvoyé et monsieur Watrin est intervenu en votre faveur.

– Monsieur Watrin n'a jamais rien fait pour moi.

– Pourquoi lui en vouliez-vous ?
– Je ne lui en voulais pas.
– Venons-en à la journée du 26... Vous étiez à l'auberge chez Fricou à 13 h 30...
– C'est pas vrai... J'étais encore couché à midi. J'ai entendu du bruit et je suis sorti pour voir ce qui se passait.
– Le témoin Fricou affirme que vous étiez chez lui. Vous étiez excité. Il a dit aux consommateurs présents : *"Voilà Lescure qui part, il y aura du tapage."*
– Je suis allé chez Fricou vers 15 h 30...
– Sur la place Decazes vous avez proféré cris et menaces...
– Non. »

Dans la salle, le silence serait complet s'il n'y avait le grattement des mines et des plumes sur les pages que noircissent les journalistes.

« Plus tard, sur le plateau, vous êtes monté à l'échelle, n'est-ce pas ? Avec une embarre...
– Je ne portais pas d'embarre sur l'échelle... C'est après, dans le couloir, que quelqu'un m'a mis dans la main cette barre de bois... Quand je me suis retrouvé en face de Watrin, la colère m'a rendu fou et j'ai frappé ! »

De longues secondes, mines et plumes sont suspendues. Lescure n'avait pas encore fait cet aveu. Maître Gaillard veut prendre la parole mais le président lui fait observer que la défense aura tout le temps de s'exprimer plus tard.

« Vous avouez donc avoir frappé monsieur Watrin.

– Non...

– Vous venez de dire le contraire...

– Et je n'ai pas frappé non plus les ingénieurs... »

Un autre que le président Mattéï ferait la grimace. Pas la peine de s'attarder. Il poursuit :

« Le nommé Chauveau, adjoint au maire, vous a ensuite demandé de le suivre. Vous êtes allé avec lui, n'est-ce pas ?

– Au Café des Mines.

– Là, vous avez dit au nommé Massol : *"Watrin en tenait pour son compte."*

– C'est faux.

– Dans ce café, n'avez-vous pas proféré des menaces contre monsieur Blazy ?

– Non.

– Le soir, vous êtes allé chez Marie Hippolyte. Vous avez dit alors : *"Que pourra-t-on nous faire ? On nous en donnera pour cinq ans."*

– C'est pas vrai.

– On vous a vu plus tard du côté de la forge, près de l'habitation de monsieur Blazy.

– Non, je suis resté au plateau.

– Le témoin Brachet affirme que vous avez dit un jour à Blazy : *"Si vous ne nous donnez pas du pain, c'est vous qui n'en mangerez bientôt plus."*

– Non.

– En prison, vous avez dit à Bedel et Souquières que vous aviez porté un coup d'embarre à monsieur Watrin.

– Je n'ai jamais parlé de ça en prison. »

Qu'importe, Lescure a avoué, et le président ne manque pas, après une courte pause, de le souligner dans sa conclusion. Il ressort de l'interrogatoire l'aveu formel du grave coup porté à Watrin. Maître Gaillard ne s'attendait sûrement pas à cela et s'empresse d'affirmer l'absence de préméditation. La défense de son client s'annonce ardue.

Bedel, qui ensuite se lève, est un autre oiseau dans l'aspect, mais pas dans le fond. D'un caractère violent et d'humeur tapageuse, il a été condamné trois fois pour vol et pour ivresse. Bedel Louis, 23 ans, est mineur, marié et sans enfants. Son défenseur, maître Laguerre, reste silencieux pendant tout l'interrogatoire. Bedel est un voleur et certains faits sont incontestables.

« Vous étiez manœuvre aux mines de Bourran. Monsieur Blazy vous a renvoyé...

– Malgré ma bonne conduite. Il m'en voulait.

– Mais vous avez été réintégré, et chassé à nouveau, après une querelle avec monsieur Blazy, puis repris malgré tout, en 1885, et là c'est vous qui êtes parti volontairement...

– Non. J'ai été encore renvoyé, pour rien. On m'a alors pris à Combes, chez Moreau, qui a été forcé de me congédier pour obéir à la Compagnie, et parce que j'avais pris quelques briquettes de charbon. C'est assez de pâtir de la faim sans pâtir du froid, surtout au milieu du charbon ! »

Des murmures d'approbation montent du fond de la salle, là où se trouvent les plus pauvres, qui seuls peuvent comprendre.

« Suite à ce délit, quand on vous a arrêté, le 20 janvier, vous avez dit : *"Quelqu'un me paiera ça !"*

– Non. »

Le président laisse s'écouler quelques secondes, puis enchaîne :

« Votre père a perdu la vie dans un accident du travail. La Compagnie n'a pas manqué à ses obligations. Votre mère a touché une indemnité, et une pension. Elle est encore employée aux agglomérés.

– Ma mère touche une pension, mais ça ne me donne à moi ni pain ni travail.

– Le 26 janvier, n'êtes-vous pas allé à Bourran prendre du charbon, et n'avez-vous pas traversé la route avec l'intention de braver les ingénieurs ?

– Pour aller à Bourran, il n'y a pas d'autre route.

– Vous n'êtes plus au service de la Compagnie et pourtant vous vous mêlez aux mineurs pour aller chercher monsieur Watrin dans son bureau. Vous étiez alors quarante avec des bâtons, des cordes et des lampes.

– Personne n'avait d'armes. Nous sommes allés dans son bureau pour faire des réclamations. Il nous a répondu : *"Ça ne me regarde pas."*

– Blanc était-il avec vous ?

– Non.

– Vous avez dit : *"Enlevez-le"* ou *"Étranglez-le"*. N'avez-vous pas porté la main sur le fauteuil de monsieur Watrin ?

– On a poussé ces cris, mais ce n'était pas moi.

– Pourquoi, pour aller à la mairie, avez-vous pris le sentier du talus, très rocailleux et fort raide, plutôt que le beau chemin ?

– Monsieur Watrin a voulu prendre le chemin le plus court.

– N'avez-vous pas alors bousculé monsieur Watrin ?

– Je n'ai bousculé personne, ni Watrin ni les ingénieurs. Monsieur Chabaud a dit que je lui avais donné un coup de pied. Ce n'est pas vrai, ou du moins je ne l'ai pas fait exprès.

– À la mairie, vous avez demandé à monsieur Cayrade qu'on vous laisse *promener* monsieur Watrin dans tout Decazeville. Pourquoi ?

– Nous voulions lui donner une leçon.

– Vous rendez monsieur Watrin responsable de tous les griefs. Vous savez bien qu'il ne s'occupait pas des mines.

– C'est faux. On lui doit toutes nos misères.

– Plus tard, à la forge, vous avez arraché les grilles des fours avec Caussanel.

– Non.

– Sur le plateau, vous avez appliqué une échelle contre le mur de la maison, vous êtes entré par la fenêtre, et alors le maire vous a barré le passage et forcé à redescendre.

– Oui. Monsieur le maire venait de dire que le sous-directeur avait donné sa démission.

– Vous avez raconté à Souquières que vous aviez pris part au meurtre. Vous avez dit : *"Watrin essayait bien de se retenir au mur, mais je l'ai décroché."*

– Pas vrai.

– Où êtes-vous allé en sortant du plateau ?

– J'ai rencontré Lescure, nous sommes allés boire, et avons parlé de choses indifférentes.

– Dans la prison de Villefranche, n'avez-vous pas parlé de cette affaire avec Caussanel ?

– Non, je n'en ai rien dit.

– Avez-vous entendu Caussanel tenir des propos révélateurs sur Granier, Souquières et Chapsal ?

– Jamais. »

Le suivant est Blanc. Blanc, Auguste, 33 ans, mineur dégrossisseur. Pas de condamnations mais sa réputation est celle d'un ivrogne. Lui aussi en voulait à Watrin. Watrin réduisait le travail. Quand Watrin n'était pas là, il gagnait plus. On travaillait toujours moins avec lui. Où se trouvait Blanc le matin du 26 janvier ?

« Je suis allé à un enterrement. À 11 heures, j'étais à l'auberge de la veuve Marie. Puis je suis allé à l'auberge Roualdès. J'en suis sorti à midi et demi. Je suis rentré chez moi pour manger un morceau. J'y étais encore à 13 heures et quart. Je n'étais pas avec la bande qui a conduit Watrin à la mairie. Je peux le prouver.

– Mais à la mairie, vous proférez des cris et des menaces…

– C'est vrai, je reconnais avoir fait un peu de tapage.

– Vous allez ensuite à l'auberge avec Souau et Caussanel. Vous causez. Le nommé Souau prétend que vous avez dit : *"Ferons-nous son compte à cette canaille ?"* Vous avez dit au témoin Douare : *"Je voudrais bien tenir Watrin, je lui ferais passer un mauvais quart d'heure."*

– Je n'ai jamais dit ça ! »

Le cri semble venir du cœur. Maître Maillard ne réagit pas. La salle murmure. Le président reprend :

« Vous êtes monté par l'échelle, avec Bedel.

– Non, je suis passé par l'escalier.

– Vous avez pris le panneau d'une porte et l'avez lancé sur l'ingénieur Chabaud.

– Non, je ne suis même pas rentré dans la pièce. J'ai voulu suivre l'adjoint Chauveau qui emmenait Lescure mais des femmes m'en ont empêché.

– Mais un peu plus tard, vous escaladez la seconde échelle et pénétrez dans la pièce du meurtre.

– Non.

– Vos dires sont en contradiction formelle avec ceux des témoins. Le commissaire de police vous a vu quand vous montiez par l'échelle.

– Non, j'ai été emporté par la foule et ne suis rentré dans le bâtiment que par l'escalier.

– Le sous-préfet vous a vu au premier rang des émeutiers. Cependant, il ne vous a pas vu au moment où le corps de la victime était lancé par la fenêtre, mais sa conviction est que vous avez frappé monsieur Watrin.

– Ce n'est pas vrai.

– Vous avez écrit à la femme Pendariès. Vous a-t-elle répondu ?

– Non, je ne lui ai pas écrit, elle n'a pas pu me répondre. »

Pour Caussanel, c'est une affaire *politique*, une affaire de cochon. Chaque famille engraisse son cochon. La somme à débourser est rondelette. Aussi l'ouvrier s'adresse à la Compagnie qui lui délivre un bon dont elle se rembourse par des retenues mensuelles. En 1885, Watrin avait refusé de signer à son père *un bon d'avance*. Voilà pourquoi il lui en voulait !

« Vous étiez de la bande qui a fait cesser le travail des forges.

– C'est qu'on me l'avait commandé. »

Caussanel, Adolphe-Prosper, a le corps d'un gavroche. Il occupait pourtant un poste pénible : releveur à la forge.

« Qui ?

– Je ne sais pas. Comment voulez-vous que je connaisse tout le monde à Decazeville ! »

Des rires explosent dans le tribunal. Le président dissimule mal sa consternation.

« Vous avez poussé des cris sur la place Decazes. Et sur le plateau.

— Oui, beaucoup. Mais j'étais un peu ivre, et j'ignore ce que j'ai crié. J'ai parlé avec le sous-préfet et l'ingénieur Laur. Le maire m'a donné un coup de canne et je ne suis pas monté dans la pièce.

— Vous avez dit : *"Il faut que Watrin crève, il m'a fait trop de misères, et m'a fait perdre la fleur de mon âge, sans que je gagne rien."*

— Je l'ai dit.

— Et quand Watrin gisait sous la fenêtre, vous avez dit au commissaire : *"Oui je suis content, mais il nous en faut un autre."*

— Non.

— Le sous-préfet vous a vu dans la pièce du crime. Vous frappiez monsieur Watrin.

— Il se trompe.

— Vous avez déclaré que Granier, Chapsal et Souquières avaient jeté monsieur Watrin par la fenêtre.

— Je ne peux rien affirmer parce que j'étais ivre…

— Comment cela ?

— J'étais soûl, et vous savez bien que quand on est un peu parti, on ne peut pas bien se rappeler !

— Dans l'instruction, vous étiez catégorique.

– Vous savez, j'ai pas beaucoup de mémoire dans la tête. C'est Lescure et Bedel qui m'ont forcé à raconter ça. Ils ont menacé de me battre. »

Lescure et Bedel protestent vivement. Puis vient le tour de Cayla, Marie-Virginie. 28 ans, mariée au sieur Pendariès, dont elle a eu un enfant. Pendariès est ouvrier forgeron. Marie-Virginie exerçait la profession de revendeuse.

Le président Mattéï ne prend de gants avec personne et encore moins avec elle :

« Votre mari dit qu'il vous a surprise avec Blanc, et que vous gagnez de l'argent par votre mauvaise conduite. »

Laguerre réagit aussitôt, avec un mouvement de manches vers la salle, comme si Pendariès s'y trouvait tapi :

« Son mari a, dans tous les cas, profité de l'argent gagné par sa femme.

– Je vous prie, Maître, de ne pas interrompre les interrogatoires, rétorque Mattéï, et de poursuivre : Monsieur Watrin vous a accordé des bons de pain.

– C'est mon mari qui a fait la démarche.

– Vous avez cependant donné votre adhésion à la boulangerie coopérative. Je rappellerai ici que la Compagnie a fondé cette institution afin de toucher, moyennant une cotisation de 30 francs, le pain meilleur marché que chez le boulanger. Pourquoi donc cette haine contre monsieur Watrin ?

– Mon mari avait droit à une indemnité pour blessures, et cette indemnité nous a été refusée.

— Vous avez crié : *"Il faut le jeter dans le bassin."*

— J'ai été entraînée par la foule.

— Vous étiez devant la mairie et vous avez même crié : *"On nous fait mourir de faim. Il y a quatre jours que nous n'avons pas mangé de pain."*

— Je n'ai pas crié à la mairie, mais au plateau.

— Le sous-préfet a remarqué votre acharnement.

— Je criais comme les autres.

— N'avez-vous pas dit à l'ingénieur Laur : *"Vous voulez le faire filer, mais vous n'y réussirez pas, nous l'aurons ce soir !"*

— Je n'ai pas dit ça.

— N'est-ce pas vous qui, au moment de la dernière agression, avez saisi monsieur Watrin par les cheveux ? La fille Phalip faisait comme vous.

— Je n'étais pas dans la pièce. Le témoin se trompe.

— De votre prison, vous avez écrit à Blanc, je vous cite : *"J'ai vu passer Watrin par la fenêtre."*

— Je ne sais pas écrire. Je me serais trompée. Un jour, je m'ennuyais. J'ai écrit ça pour me distraire. Je n'étais pas dans la pièce où était monsieur Watrin, je le jure. »

Les accusés sont désarmants de sincérité, ou de mauvaise foi. Souquières ne fait pas exception.

« Vous avez servi dans l'artillerie. Avez-vous gardé votre tunique d'artilleur ?

— Oui. »

Souquières, Antoine, mineur, 31 ans. En 1878, il a été condamné à 15 jours de prison pour vol. Mais c'est un bon gars, un ouvrier consciencieux.

« Nous avons de bons renseignements sur vous. Pourquoi avez-vous pris une hache et aidé Bedel à couper le câble de la mine ?

– On m'accuse d'avoir suivi les mineurs à Bourran mais j'étais sur le pas de ma porte à discuter avec le brigadier Rameau. Je ne connais pas Bedel.

– À quelle heure ?

– Midi et demi.

– Vous pouviez être à Bourran à 11 heures et de retour chez vous à midi et demi. Messieurs de Verneuil, Sénégas et Avaurieux vous ont reconnu.

– Ils se trompent.

– Plus tard, vous participez pourtant au crime.

– C'est faux. Le brigadier Rameau vous dira que le sous-préfet ne m'a pas reconnu. Je parlais en bas avec le commissaire de police.

– Le commissaire dément. Et Caussanel vous a dénoncé d'une façon catégorique.

– Je jure devant Dieu que je suis innocent.

– Le juge d'instruction vous a reconnu. »

À ce moment-là, maître Millerand proteste, donnant lieu à un échange avec le président, un échange qui a un peu de ces moments où on aiguise lentement ses couteaux en vue de la bagarre inévitable.

« Je proteste contre le double rôle que l'on fait jouer dans cette affaire au juge d'instruction, qui est à la fois juge et partie.

– Nous pouvons le faire citer, nous en avons la faculté.

– J'ai, quant à moi, le droit de protester. Les jurés apprécieront. »

Se succèdent enfin Granier, Chapsal, Puech et Phalip.

Auguste-Louis Granier, 26 ans, mineur, père de deux enfants, a été condamné plusieurs fois pour ivresse. D'un caractère emporté et vindicatif, il est néanmoins considéré comme un bon ouvrier. Caussanel l'accuse d'avoir participé au meurtre, mais Granier prétend qu'il se trouvait alors à l'auberge Comby, où personne ne l'a vu.

« Dans une lettre, vous avez écrit : *"Vive la révolution sociale !"* Du reste, c'est votre droit.

– Je ne sais pas écrire. C'est Bedel qui a écrit... »

Il en est alors sûrement beaucoup pour penser que c'est là de la graine dont on fait la racaille. Et cette racaille a déclenché la plus longue grève que l'on n'a jamais connue, qui est devenue une affaire d'État. Cette racaille pour qui se sont rassemblés d'éminents avocats et députés.

Chapsal, lui, est cordonnier. Antoine Chapsal, 38 ans, a été condamné pour tapage et ivresse. Sa femme, qu'il brutalise, ne s'est pas plainte lorsqu'il a écopé de trois mois pour vol. Le président constate :

« Vous êtes cordonnier et par conséquent vous n'aviez pas de rapports avec monsieur Watrin. Pourquoi lui en vouloir ?

– Je voulais entrer comme contremaître dans la société coopérative.

– Vous étiez avec ceux qui suivaient la victime.

– J'étais là en curieux.

– Caussanel vous accuse. Il a parlé d'un cordonnier à forte moustache.

– Il ment. Il y a plus d'un cordonnier à Decazeville. J'étais chez moi.

– Mais vous croisez la fille Passemar à qui vous dites : *"Mille dieux ! J'ai laissé mon chapeau là-bas, mais je ne vais pas aller le chercher."*

– C'est faux.

– Quand vous rentrez à votre domicile, vous êtes perturbé, à tel point que vous pénétrez chez un autre locataire... Vous donnez à votre femme des détails sur le meurtre.

– Ce n'est pas vrai. J'ai pu parler de la mort de monsieur Watrin, le soir, comme tout le monde.

– Avant votre arrestation, vous vous rasez la barbe que vous portiez en fer à cheval et ne gardez que la moustache.

– Pour mon malheur, j'ai coupé ma barbe, comme je le fais à chaque printemps ! »

De Jules Puech, 19 ans, manœuvre, et Eulalie Phalip, 26 ans, trieuse de charbon, il y a peu à apprendre. Lui a déjà comparu en cour d'assises pour attentat à la pudeur. Il a bénéficié d'un verdict d'acquittement. Il travaillait à la forge, avant de quitter la Compagnie pour une question de salaire. La journée du 26 janvier ? Il a suivi la foule. Il est monté dans la pièce où se trouvait Watrin par le bec de gaz, mais Cayrade l'a fait descendre et ça lui a suffi. Eulalie Phalip, elle, a souvent été congédiée, mais a toujours été reprise par la Compagnie à cause de la misère dans laquelle elle vivait. Le 26 ? Elle aurait pénétré dans la pièce et se serait acharnée sur Watrin. Elle aurait dit au sous-préfet Simon : *« Il a fait assez de misère, il faut qu'il crève. »*

Chapitre XXX

DANS LE BUREAU DE WATRIN

Audience du mercredi 16 juin

Nous allons en savoir un peu plus sur les acteurs du drame, ceux qui n'étaient encore que des témoins discrets, des silhouettes sans nom, des ouvriers anonymes, de simples citoyens, des officiels dépassés par les événements, toute une populace dont on aimerait enfin connaître le rôle exact.

En amont, il y a eu des signes. Ainsi Léon-Romain Gaffard, un an avant le meurtre, a découvert une inscription à la craie sur la porte d'un magasin : *Watrin est condamné*. Pourtant Gaffard, architecte, a toujours trouvé que Watrin était *gracieux et convenable* avec lui, quoiqu'il ait entendu parler d'une certaine rudesse pour l'ouvrier.

Jean Laroque, lui, est représentant de commerce. Dans tous les cantons à l'entour, il a entendu murmurer beaucoup contre Watrin et Petitjean. On les accusait de s'entendre pour faire mourir les ouvriers de faim. Les commerçants se plaignaient que de leur faute les affaires n'allaient pas bien. Watrin et Petitjean étaient la cause de ce malaise. On disait : *« Viendra un moment où l'agneau deviendra lion. »* Laroque leur a offert ses services afin de les prévenir en cas de complots, de danger...

Et pourtant Watrin était le meilleur des sous-directeurs. Jules Izard, caissier de la Compagnie, l'affirme. Le meilleur et le plus juste. Jules Izard a entendu parler de lettres anonymes mais il ne les a pas vues ni lues. Watrin n'en faisait du reste pas cas.

« Je sais que monsieur Watrin était détesté mais je n'ai jamais pu m'en expliquer la raison... Il exigeait beaucoup de travail de la part des employés, et donnait lui-même l'exemple. Je l'ai toujours vu accueillir les ouvriers avec beaucoup de calme, de politesse. Il leur rendait justice toutes les fois qu'il pouvait. »

Le président Mattéï interroge sans répit, et sans presque jamais être interrompu.

« D'après l'accusée Cayla, un hiver, on aurait promis un bon de maladie à son mari. Le jour de la paie, elle se serait présentée à la caisse et le caissier lui aurait répondu qu'il n'y avait rien pour elle.

– Je serais fort étonné si dans ce cas son mari n'avait touché aucun secours. De toute façon, Watrin ne saurait être responsable car ce n'était pas lui qui instruisait ces demandes. Il y a un employé spécial pour cela. Je n'ai aucun souvenir quant à moi que cette femme se soit adressée à ma caisse.

— Malgré tout, quelle était l'opinion générale ?

— Il se disait que si une grève éclatait, c'en était fait de messieurs Watrin et Blazy.

— L'ingénieur Blazy a-t-il couru un danger réel le 26 janvier ? L'a-t-on cherché avant et après le meurtre ?

— Je l'ignore. Je n'ai pas quitté la caisse comme c'était mon devoir. Le bureau de la caisse est au Grand bureau de la Compagnie, au rez-de-chaussée et au fond du bâtiment. Le bureau des sous-directeurs est au premier.

— Que s'est-il passé dans les bureaux de la Compagnie ce 26 janvier ?

— Je suis arrivé vers 13 heures. Des femmes se trouvaient devant la porte d'entrée, il y avait aussi des enfants.

— Quelle était l'ambiance ?

— Les femmes et les enfants ne proféraient aucune menace, il y avait le plus grand calme.

— Et ensuite ?

— J'ai demandé à mon collègue Rouzet si les grévistes étaient dans le bureau de monsieur Watrin. Il m'a dit que oui. Je me suis rendu à ma caisse où j'ai pris un revolver, au cas où. Mais monsieur Watrin était déjà dehors, suivi par la foule, sur le petit chemin qui conduit à la mairie. J'ai cru que là il serait en sûreté et je suis resté à mon poste jusqu'à 18 heures. C'est en quittant mon bureau que j'ai appris sa mort.

– Est-il vrai qu'il y a eu une pression violente exercée sur les ouvriers pendant la période électorale et que, à la suite du vote, il y a eu des renvois d'ouvriers, des diminutions de salaires ?

– Monsieur Watrin était absent pendant les élections. Nous avons reçu les ordres les plus formels de ne pas nous en mêler. Il n'y a eu à ma connaissance aucune réduction de salaire ni aucun renvoi. Toutes les mesures prises n'ont été que trop justifiées par la crise économique. »

Pour Jean-Louis Erra, garçon de bureau, Watrin était honnête et juste aussi, quoique sévère avec les voleurs. D'ailleurs, Watrin l'avait éprouvé pour savoir s'il ne le trompait pas. Le sous-directeur était accessible aux ouvriers, qui pouvaient entrer dans son bureau sans se faire annoncer, et il les recevait fort poliment.

« Deux fois par semaine, il faisait faire par sa servante de la soupe pour des ménages dans son voisinage. Mon cousin est à l'hospice depuis quatorze ans. Tous les dimanches, quand il allait à la messe, monsieur Watrin lui donnait 50 centimes pour son tabac. »

Les témoins se présentent à la barre à peu près dans l'ordre de leur entrée en scène le jour du drame.

Au matin, Maria Bousquet, servante de l'Hôtel de France à Rodez, confie à un conseiller de préfecture : « *S'il y a une grève à Decazeville, le sous-directeur est sûr de son affaire.* » C'est que, au début de 1885, on aurait tiré sur Watrin. La balle aurait traversé son chapeau...

Tout semble bel et bien se jouer au Grand bureau de la Compagnie, précisément dans le bureau de Watrin.

De Charles Girard, architecte de la Compagnie, nous apprenons qu'à midi et demi, vingt personnes sont devant le Grand bureau. Girard observe la scène depuis sa fenêtre. À 13 heures, Watrin sort de la forge et Bedel se détache du groupe pour lui parler. Watrin est au bas de l'escalier. Une minute plus tard, Girard le croise sur le palier. Bedel a suivi, monté quelques marches, mais il redescend pour crier à ses camarades : « *Si vous êtes pas tous des lâches, vous allez me suivre !* »

« Les autres ont alors envahi l'escalier et se sont précipités dans le bureau de monsieur Watrin. Je les ai suivis. Je suis resté dans l'antichambre.

– Dans votre déposition, vous avez dit que vous étiez entré dans le bureau. Vous avez ajouté que Bedel avait pris la parole pour exposer des réclamations et qu'un autre ouvrier qui portait un chapeau noir et une blouse noire en avait fait autant.

– J'y suis entré un bref instant, oui. Un homme portait une corde, quatre autres tenaient des bâtons. Monsieur Watrin a répondu qu'il transmettrait leurs réclamations à la Compagnie et qu'il y serait fait droit s'il y avait lieu. On m'a dit que le gréviste qui portait un chapeau noir et une blouse noire était Blanc. Comme je m'étonnais de sa tenue, quelqu'un m'a dit : *"C'est Blanc, il vient d'assister à un service funèbre."*

– Reconnaissez-vous Blanc sur le banc des accusés ? Est-ce bien l'homme que vous avez désigné dans votre déposition ?

– Oui, monsieur le président, je le reconnais parfaitement. Il avait peut-être ce jour-là les moustaches un peu plus courtes. »

Comme au moment de son interrogatoire, Blanc proteste. Il n'était pas avec ceux qui sont allés prendre Watrin. Il était à l'auberge, puis chez lui pour manger. Il n'est même pas descendu à la forge. Il ne possède pas de blouse noire.

« Témoin Girard, dites-nous si vous persistez dans votre affirmation ?

– Je persiste et déclare que c'est bien lui.

– Que s'est-il passé alors ?

– Monsieur Watrin a été sommé de les suivre à la mairie. J'ai pensé que ça prenait mauvaise tournure et, en concertation avec Rouzet, j'ai envoyé un homme pour prévenir la gendarmerie. »

C'est bien le moins. Dès la sortie de Watrin du Grand bureau, les menaces de mort commencent à se faire entendre. Girard suit-il ? Non. Izard a-t-il rangé son revolver ?

À ce moment-là, maître Renault intervient. Dans le bureau, quelles positions occupaient Watrin et les grévistes ?

« Monsieur Watrin était assis à sa table de travail. Bedel s'était placé presque au bout de la table et en face de lui. L'homme à la blouse noire venait après lui.

– Avez-vous vu Bedel mettre la main sur la chaise sur laquelle était assis monsieur Watrin et dire : *"Enlevez-le"* ?

– Non, mais le fait a pu se passer pendant que je discutais avec Rouzet. Je ne suis plus rentré dans le bureau de monsieur Watrin après, car il était alors sorti.

– Rien d'autre à déclarer ?

– Je dois ajouter que ma fille Louise a entendu Bedel dire : *"Maintenant qu'il est là, attachez-le…"* ou *"… étranglez-le…"* »

Cela fait une certaine différence. Mais Louise Girard confirmera. En attendant, Bedel proteste. C'est faux ! Le témoin ment !

Erra, le garçon de bureau, apprend un peu plus tard que Watrin est sorti de la mairie. Il voit Lescure descendre par la route à grands pas. Girard et Rouzet, restés devant le Grand bureau, le voient passer aussi. Rouzet dit : *« Voilà un mauvais garnement qui va faire un mauvais coup. »* Lescure descend jusque devant le portail, comme s'il voulait entrer par là dans la forge. Puis il se retourne et prend en courant le chemin qui conduit à Fontvergnes. Le président Mattéï demande à Lescure :

« Expliquez-vous sur votre présence aux abords de la forge.

– Je n'y étais pas, monsieur le président. »

François Rouzet, chef du magasin des fers, confirme le témoignage de Girard. Mais encore ? Il voit Bedel, qui se tourne vers ses acolytes et leur dit : « *Tas de fainéants, si vous ne venez pas, je me charge de vous faire l'affaire !* » Rouzet va voir ce qui se passe dans le bureau de son patron mais les regards menaçants lui font rebrousser chemin. Il voit encore Watrin qu'on escorte en direction de la mairie. Enfin, un gendarme arrive et Rouzet lui dit : « *Vous voyez, on l'amène !* » Et le gendarme répond : « *Que voulez-vous que je fasse seul ?* »

Rouzet voit à nouveau Bedel, vers 14 heures, revenir à la forge avec d'autres ouvriers afin de faire cesser le travail.

« Lemonier, le chef de fabrication, s'est opposé vigoureusement. Comme nos ouvriers n'étaient pas disposés à arrêter, ils se sont attaqués aux grilles des fours. Puis ils ont essayé de couper une courroie qui communique la force motrice. Ils ont fini par réussir à arrêter le travail… »

Caussanel était de la bande. Mattéï se tourne vers lui :

« Vous avez détruit les grilles des fours et empêché les ouvriers de travailler ?

– Je n'ai détruit que deux grilles…

– Vous menaciez Peyrat, continue Rouzet, avec des expressions ignobles.

– Vous mentez ! La Compagnie vous paie pour mentir ! »

Des rires éclatent dans la salle. Rouzet est également catégorique s'agissant de Lescure, ainsi que l'a déjà raconté Girard, il devait être 16 heures peut-être...

« Vous avez dit que vous ne seriez pas étonné d'un *mauvais coup,* pourquoi ?

– Je connaissais les antécédents et le caractère violent de Lescure. »

Mattéï garde le silence quelques secondes, puis enchaîne :

« On a parlé de pression exercée sur les ouvriers au moment des élections, soit par monsieur Watrin, soit par divers employés au nombre desquels on vous place. On dit que les ouvriers, qui ont voté en masse pour la liste républicaine, ont été ensuite victimes de tracasseries plus fréquentes, de réductions de salaires, de renvois inexpliqués, et que monsieur Watrin avait annoncé des réductions de salaires plus sérieuses encore ?

– Monsieur Watrin n'était pas là. En ce qui me concerne, le jour des législatives, je suis resté toute la matinée à mon travail, puis je suis allé voter avant de passer le reste de la journée à ma propriété de Saint-Roch. Pour les élections municipales, j'étais sur la liste républicaine des ouvriers, à leur demande. Certes, j'étais devant la mairie le jour du vote, mais je n'ai insisté auprès d'aucun électeur pour avoir sa voix. Monsieur Watrin n'approuvait pas. Il disait : *"Quand on est employé, on s'occupe de son travail et non de politique."*

– Pourriez-vous nous dire ce que l'on entend par huitaine ou par retenue de huitaine ?

– Quand la Compagnie veut renvoyer un ouvrier, elle le prévient huit jours à l'avance. À titre de réciprocité, si un ouvrier veut quitter un chantier, il est obligé d'avertir huit jours à l'avance afin qu'on puisse pourvoir à son remplacement. S'il quitte le chantier sans faire sa huitaine, on est en droit de lui faire une certaine retenue. Il va sans dire que l'ouvrier n'a pas droit à la huitaine s'il se fait renvoyer pour une faute grave. »

Chapitre XXXI

DE LA MAIRIE AU PLATEAU

Audience du mercredi 16 juin

Jean-Pierre Douare, ferblantier, est le treizième témoin. Il confirme que Lescure était chez Fricou vers 15 h 30.

Lescure est en compagnie d'une quinzaine d'individus dont Auguste Blanc. Soûl, Blanc tient une mince baguette qu'il se passe sur le cou, en un geste d'égorgement, disant : « *Je voudrais bien tenir Watrin, je lui ferais passer un mauvais quart d'heure.* »

Malgré la réponse qu'il a déjà faite pendant son interrogatoire, le président Mattéï lui demande :

« Reconnaissez-vous avoir tenu ce propos ?

– Non, monsieur le Président. »

Puis à Lescure :

« Blanc était-il avec vous ?

– Non. En tout cas, je ne l'ai pas vu.

– Témoin Douare... Carrié, le président actuel des délégués, n'était-il pas dans cette auberge ? Que disait-il ?

– Carrié était près de la porte et disait qu'on ne lâcherait pas Watrin avant de lui avoir fait signer quelque chose. »

Comme pour ajouter à la confusion, le témoin suivant s'appelle Jean-Pierre Blanc. Il n'y a pas apparemment de lien de famille avec l'accusé Auguste Blanc. Jean-Pierre Blanc est cependant ancien mineur, mais désormais représentant de commerce et, surtout, secrétaire de la chambre syndicale des mineurs.

Quand il apprend que les ouvriers de Palayret se sont mis en grève, il s'en étonne. Il se précipite sur la place Decazes et aperçoit le maire, Cayrade. Tous deux entrent dans le prétoire de la Justice de paix. « *Vous ne savez rien ?* » demande Cayrade. Jean-Pierre Blanc répond qu'il vient de l'apprendre. Cayrade, lui, a été prévenu d'une grève la veille, mais sans qu'on lui précise le jour. Les deux hommes discutent. Jean-Pierre Blanc estime que les ouvriers ont tort. L'heure d'une *grève prospère* n'a pas sonné. Selon lui, il faut attendre d'avoir en main les lois sur les délégués mineurs, sur la caisse des retraites et de secours. Il est donc important de calmer les esprits. « *Vous pouvez compter,* dit le secrétaire au maire, *que je ferai tout mon possible.* »

Jean-Pierre Blanc est bavard. Grâce à lui, c'est plusieurs pièces manquantes qui se posent.

Jean-Pierre Blanc rentre chez lui pour manger vers 11 heures. Il en ressort vers midi et demi. Il prend un café chez Rouquette. Vers 13 h 30, il entend qu'on crie sur la place Decazes.

« Il y avait quelques ouvriers et un grand nombre de femmes et d'enfants. J'ai suivi la foule jusqu'à la mairie. J'ai alors rencontré Carrié qui m'a dit : *"En qualité de secrétaire, vous avez votre influence, de mon côté je crois avoir la mienne. Il faut nous employer pour calmer tout ce monde, et que ça finisse bien."* Nous sommes tous rentrés dans la mairie. Il y avait là le maire, ses conseillers, Watrin, Chabaud et Verzat. Monsieur Cayrade a harangué la foule pour l'inviter au calme puis m'a demandé de faire nommer des délégués. Je ne sais pas si ceux qui ont conduit monsieur Watrin étaient alors dans la salle. »

Jean-Pierre Blanc se rend donc avec quelques mineurs chez Lala. Il se constitue un bureau. Lui sera président, Carrié secrétaire. Ils discutent des réclamations. On connaît la suite : Watrin n'acquiesce qu'à la paie par quinzaine. Les réclamations sur les salaires doivent être soumises à Petitjean qui arrive le lendemain. La Compagnie seule a le droit de lui demander sa démission. Et pas question de réintégrer les grévistes de 1878.

« L'ingénieur Laur venait d'arriver. Et voilà qu'un délégué, Baldet, lui a exposé le mauvais état des boisages. Il a demandé qu'on aille voir. Laur a accepté et Watrin a voulu suivre… Moi, je suis rentré chez moi.

– À la mairie, vous avez échangé des propos très aigres avec monsieur Watrin. Au moment où vous sortiez pour la désignation des délégués, vous l'avez montré à la foule en disant : *"Maintenant, je vous abandonne cet homme."*

– Non. Je suis incapable de telles paroles ! »

Mattéï semble le croire, et poursuit :

« Selon vous, qu'est-ce qui a causé le meurtre ?

– Je crois que c'est l'exaltation, et les cris des femmes et des enfants. »

Maître Renault demande alors au témoin s'il peut citer des noms. La réponse est négative. Maître Laguerre prie ensuite le président de demander au témoin de formuler les griefs contre Watrin.

« Il est certain qu'il était universellement détesté… »

Ce Blanc-là n'est pas non plus très clair, car il aurait dit plus précisément : « *Watrin, vous l'avez là, faites-en ce que vous voudrez.* » Et même : « *Il y a de bons Prussiens, mais pas celui-là.* » Jean-Pierre Blanc a de l'amertume. C'est Watrin en personne qui l'a chassé de la Compagnie. Aussi il lui lance, face à ses refus : « *Vous avez bien eu l'année dernière le pouvoir nécessaire pour me faire renvoyer de la Compagnie, moi, père de famille.* » Ce pour quoi il s'est reconverti en représentant de commerce. Il dit encore à Watrin : « *On ne pourra m'accuser d'avoir fomenté la grève, je n'étais pas là.* »

Nous l'apprenons de la bouche d'Édouard Boisset, comptable à la mine de Bourran. Et c'est alors l'incident qui éclate dans le prétoire.

« Le maire lui a fait signe d'approcher. Ils ont discuté. Puis il est retourné dans la foule… »

Mattéï, qui ne cache pas sa colère, fait rappeler Jean-Pierre Blanc. A-t-il oui ou non tenu de tels propos ? Non. Boisset et Blanc s'empaillent. Boisset lève la main droite : « *Je viens de jurer de dire la vérité, et je le jure encore.* » Renault s'en mêle. Le secrétaire de la chambre syndicale persiste dans ses dénégations et le président met fin au conflit.

« Témoin Blanc, retirez-vous… Témoin Boisset, poursuivez…

– Je n'ai pas vu Jean-Pierre Blanc montrer le poing à Watrin, mais il a pu le faire, je n'avais pas les yeux constamment sur lui.

– Quand vous étiez dans la mairie, avez-vous vu des gendarmes ?

– Oui. Je parlais avec Alran, qui est serrurier. Monsieur Cayrade leur a demandé de se retirer. Il leur a dit : *"Je fais la police ici, c'est moi qui réponds de l'ordre."* Puis à la foule : *"Vous savez que je suis l'ami de l'ouvrier. Allez nommer tranquillement vos délégués."* Le commissaire de police a pris aussi la parole pour engager la foule à se retirer. Je suis sorti moi-même, parce que Alran venait de me dire : *"On va chercher Blazy !"*

– Et donc ?

– J'ai couru pour le prévenir. Ensuite, je me suis rendu à la forge avec Lemonier. »

Molénat, greffier et conseiller municipal, était dans le prétoire de la Justice de paix quand plusieurs jeunes gens ont dit à Cayrade : *« Laissez-nous le prendre pour le promener en ville ! »* Le maire leur a répondu qu'ils étaient fous, qu'ils devaient se tenir tranquilles. Puis Moulinou, suppléant du juge de paix, a reçu une dépêche, annonçant l'arrivée du parquet de Villefranche pour 17 h 15.

Alors que Watrin va à sa mort, Molénat et Moulinou se rendent à la gare pour accueillir les magistrats.

« Plus tard, j'ai appris le meurtre, témoigne Molénat, et je suis rentré chez moi. »

Les jurés doivent digérer tout cela. L'audience est suspendue dix minutes.

Et c'est au tour d'un homme dont le témoignage est très attendu. Joseph Laur, ingénieur en chef de l'État. L'attention de la salle commençait à faiblir. Soudain, toutes les têtes se dressent.

Laur a appris par une dépêche envoyée par Watrin lui-même qu'une grève éclatait. Il arrive à Decazeville à 15 heures et trouve Watrin bloqué à la mairie.

Cayrade lui conseille : « *Surtout ne le quittez pas. On lui a fait en l'amenant ici la conduite de Grenoble.* » Laur raconte la décision d'inspecter les mines, l'obstination de Watrin à en être, ce trajet affreux jusqu'au plateau.

« C'est à ce moment que le maire m'a dit : *"Si vous allez à Bourran, vous serez assassinés."* J'ai fait entrer monsieur Watrin dans le bâtiment. J'ai essayé de calmer la foule. Puis je suis monté auprès de Watrin, Chabaud et Verzat et je leur ai dit : *"Surtout ne vous montrez pas. Votre vue les exaspère."* En redescendant, j'ai vu que des personnes luttaient avec le maire et le commissaire de police. Au bas de l'escalier, un jeune homme m'a saisi le bras. Lemonier lui a parlé à l'oreille et il m'a relâché. L'entrée a fini par être forcée et les assaillants ont escaladé l'escalier. Je suis allé à la porte et là j'ai découvert qu'on avait dressé une échelle contre le mur.

– Qui était sur cette échelle ?

– Cinq hommes. Le deuxième portait une embarre. Je suis retourné alors auprès de monsieur Watrin. Dans le couloir, j'ai entendu le maire qui disait : *"Allons, c'est fini..."* À force d'efforts, j'ai pu pénétrer dans la pièce. Monsieur Watrin était assis sur une chaise, les mains sur les genoux. Son visage était inondé de sang. Il portait au-dessus de l'œil droit une blessure longue, tuméfiée, saignante. Il y avait du sang par terre devant la fenêtre et sur un mur. J'ai demandé à monsieur Watrin s'il souffrait et il m'a répondu que oui, beaucoup…

— Les assaillants se retiraient. Qu'avez-vous fait alors ?

— Avec monsieur Cayrade, on a fini de vider la pièce. Un homme ivre nous a opposé une forte résistance. Il était petit, assez gros, la figure injectée, vêtu d'un veston sombre.

— Le reconnaissez-vous ici ?

— Non… Il criait en patois : *"Coquin de sort, nous l'aurons !"* En bas, j'ai fait enlever l'échelle. Je me suis retrouvé alors en présence de monsieur le sous-préfet de Villefranche. Comme le calme semblait revenir, je suis parti adresser le télégramme que j'avais promis à monsieur le préfet. À mon retour, monsieur Watrin gisait par terre. Il respirait encore mais l'écrasement de sa tête montrait qu'il était perdu. Un prêtre était près de lui. Il y avait aussi, en plus du sous-préfet, le procureur de la République et le juge d'instruction. Le plateau était désert. »

Ce témoignage ne déçoit pas. Les souvenirs de l'ingénieur sont clairs et précis. Pour un peu, on s'y croirait. Le procureur général Baradat demande :

« L'homme qui vous a saisi le bras, était-ce l'accusé Blanc, ici présent ?

— Non, il était plus grand.

— Une fois sur le plateau, monsieur Watrin s'est-il retourné vers la foule pour la narguer en disant : *"Maintenant je suis chez moi, je ne vous crains pas"* ?

– Non. Et j'étais assez près pour entendre. »

Maître Renault demande à son tour :

« Dès 16 h 30, n'avez-vous pas eu le sentiment d'un danger réel, ainsi que monsieur Cayrade ?

– Dès la sortie de la mairie, j'ai senti que la situation était menaçante. Ce n'est que sur le plateau que monsieur Cayrade m'a fait part de ses propres craintes… »

Jusque-là, le maire paraissait tranquille. Laur ne veut pas insister mais il le souligne bien.

Le président Mattéï a laissé Baradat et Renault s'exprimer. Il semble pressé maintenant de reprendre la main :

« Qui avez-vous reconnu sur le plateau ?

– Caussanel. Il était très excité. Il gesticulait et criait. Il a dit : *"Mon père est mort. Watrin est la cause que notre famille est dans la misère."* Je le considère…

– Accusé Caussanel, reconnaissez-vous avoir eu cette attitude et dit ces paroles ?

– Non ! La preuve que je n'ai pas dit ça, c'est que mon père est encore en vie ! »

Quelques rires éclatent.

« Vous avez jeté des pierres sur le réverbère.

– Non.

– Monsieur Laur, dites-nous quels cris ont été poussés et par qui ?

– J'ai entendu : *"À l'eau ! À mort !"* Mais ça partait de divers côtés dans la foule. C'étaient les femmes et les enfants qui criaient surtout. »

Maître Puech, l'avocat de Caussanel, se demande ce qui pourrait sauver son client. Un sentiment de pitié peut-être ? Il demande donc à revenir en arrière, à quoi consent le président.

« Le témoin a été interrompu. Il parlait de Caussanel. Il a dit : *"Je le considère..."* Peut-il achever sa phrase ?

– Je voulais dire qu'il me semblait malade ou à peine sorti de maladie.

– Ces paroles sont importantes. Je les livre à l'appréciation de messieurs les jurés. »

Succède à Joseph Laur, c'est dans l'ordre des choses, François Verzat, ingénieur à Bourran.

Le matin à 8 heures, Verzat apprend la grève. Il se rend avec Blazy à la mine de Palayret où tout est calme. À 11 h 30, il est à Lavaysse où des ouvriers dont Bedel, qui paraît être le chef, font cesser le travail. Vers 13 heures, lui et Chabaud voient un rassemblement place Decazes. À ce moment-là, ils ont du courage. Ils en auront quelques heures.

À la mairie, Carrié vient dire à Verzat : *« Si vous restez avec Watrin, il vous arrivera malheur. »* Les délégués sont choisis puis se retirent chez Lala. Jean-Pierre Blanc dit plus tard : *« Watrin qui pourrait signer ce que nous demandons ne le veut pas, nous nous arrangerons demain pour cela avec la Compagnie, quant à lui qu'on en fasse ce qu'on voudra.* » Les paroles changent mais le sens est le même. Mattéï s'agace. Ce Blanc-là pourrait être aussi sur le banc des accusés, pour incitation au meurtre. Il est rappelé à nouveau, mais il nie toujours.

« Monsieur Verzat, poursuivez...

– Laur est arrivé et il a été décidé de visiter les mines... Nous nous sommes mis en route, Laur, Watrin, Chabaud, moi et quatre délégués. La foule nous injuriait. Chabaud a reçu un coup de pierre. Laur nous a fait alors nous réfugier dans un bureau, sur le plateau. La situation s'est vite aggravée. Nous sommes passés dans une autre pièce qui paraissait plus sûre. Bientôt, on a secoué la porte. Et monsieur Watrin nous a fait ouvrir. Aussitôt, Lescure est entré et a frappé au front, d'un coup d'embarre, notre malheureux sous-directeur. Lescure a frappé Chabaud aussi, puis il a lancé l'embarre contre moi. »

Mattéï se tourne aussitôt vers Lescure :

« Vous voyez bien que vous avez frappé plus que monsieur Watrin.

– Je n'ai frappé que monsieur Watrin.

– Admettons... Continuez, monsieur Verzat.

– Blanc a lancé un panneau de porte. Puis le corridor s'est vidé, en un instant.

– Accusé Blanc, est-ce vous qui avez jeté ce panneau ?

– Non. »

Verzat est lancé. Le traumatisme est profond. Il enchaîne :

« À ce moment-là, monsieur Cayrade est survenu. Il arpentait la pièce, répétant : *"Ça se corse..."* Chabaud lui a dit : *"Ne pourrions-nous pas sortir ?"* Et il a répondu : *"Non."* Nous nous sommes alors réfugiés dans la troisième pièce. Monsieur Cayrade a dit à monsieur Watrin : *"Donnez votre démission. Cela arrangera les affaires."* Il a hésité, mais sous les instances de Chabaud et les miennes, il y a consenti. Le maire est allé alors à la fenêtre pour parler à la foule : *"Mes enfants, monsieur Watrin a donné sa démission. Retirez-vous !"* Mais la foule criait : *"Il nous faut sa peau !"* Le sous-préfet nous a rejoints. Une échelle avait été dressée sous une fenêtre. Le sergent Cantaloube empêchait les agresseurs de monter. Malgré tout, la foule a envahi la pièce. Cantaloube m'a alors engagé vivement à me sauver ainsi que Chabaud, et nous avons suivi son conseil...

– Monsieur Watrin n'a-t-il pas paru surpris que les gendarmes ne soient pas intervenus ?

– En effet. Le maire les avait renvoyés en disant à la foule : *"Vous voyez, je ne permets pas qu'on se mêle de mes affaires..."*

Décidément, Jules Cayrade n'a pas que des amis. La séance est suspendue. Elle reprendra à 14 h 10.

Chapitre XXXII

AU PLUS PRÈS DU MEURTRE

Audience du mercredi 16 juin

Un autre témoin très attendu : Gaston Chabaud, ingénieur à la mine de Combes. Lui et Verzat ne se sont pas quittés d'une semelle. Il affirme que Bedel était dans la foule. Il aurait dit : « *Watrin, nous le tenons. Il est à nous.* » Vers Bourran, Chabaud marche en tête avec Watrin et les délégués Entraygues, Julia, Carrié et un quatrième dont il a oublié le nom. Il reçoit un morceau de charbon gros comme le poing qui était destiné à Watrin.

Nous n'apprenons pas grand-chose de neuf. Dans la première pièce où ils se sont réfugiés, Laur vient leur dire : « *Ma foi, je ne sais pas ce qui va arriver.* » Dans la deuxième pièce, on frappe violemment à la porte, Watrin fait ouvrir et Lescure apparaît avec son embarre :

« Aussitôt, Lescure lui a asséné un coup sur le front. Le sang a jailli en abondance et monsieur Watrin s'est affaissé. »

Lescure frappe aussi Chabaud à la tête – la blessure est encore visible – et sur l'avant-bras qu'il a levé pour parer le coup. Lescure lance ensuite l'embarre dans la direction de Verzat.

« Un autre ouvrier, c'était Blanc, nous a lancé le panneau de la porte. »

Les témoignages des ingénieurs concordent. Ensuite, les trois hommes changent à nouveau de pièce. Les projectiles pleuvent. Une échelle a été dressée. Watrin demande si les gendarmes ne vont pas venir. Quand Cayrade le prie de démissionner, Chabaud lance : *« On ne demande pas la démission d'un homme que l'on vient d'assommer. »*

« Il va sans dire que je n'entendais pas reprocher à monsieur Cayrade de l'avoir assommé lui-même... Un moment après, le procureur de la République et autres sont entrés dans la pièce, que la foule a envahie soit par le corridor soit par la fenêtre. J'ignore ce qui s'est alors passé... »

Et puis, ainsi que Verzat, Chabaud fuit.

Comme une pause après toute cette violence, le président Mattéï demande au témoin son opinion sur Watrin.

« Il ne méprisait pas les ouvriers. Je l'ai entendu dire : *"Voilà des hommes vraiment courageux et estimables, ils ont un travail bien pénible et ils le font consciencieusement."*

– Dites-nous par les ordres de qui les gratifications données à certaines fêtes, telles que Saint-Éloi et Sainte-Barbe, ont été supprimées cette année ?

– Cette suppression a été décidée par le conseil d'administration.

– Quelles ont été d'après vous les causes de la grève du 26 janvier ?

– Le mouvement a été prémédité par le petit commerce de Decazeville, mécontent de la création des coopératives, notamment de l'épicerie. Je ne puis affirmer que le meurtre, lui, fut prémédité, mais on rendait monsieur Watrin responsable de tout.

– Comment expliquez-vous que, aussitôt après le meurtre, le calme soit revenu ?

– La gendarmerie est arrivée. Et beaucoup ont disparu pour échapper à leurs responsabilités.

– Selon vous, est-ce qu'il y avait des meneurs ?

– Certaines personnes par leur attitude et leurs paroles ont contribué à l'acte commis, j'entends désigner surtout monsieur Blanc, secrétaire de la chambre syndicale. »

Gaston Chabaud termine et c'est à Jules Cayrade de venir à la barre, dans un grand silence. Tous les yeux sont fixés sur ce témoin dont l'allure impose.

Le maire revient sur ces longues heures, de l'instant où il apprend par Watrin, à 7 h 30, que des ouvriers ont arrêté le travail à Palayret, au départ pour le plateau. La foule criait : « *Nous le voulons. Qu'on nous le garde. Il ne s'en ira pas.* »

« Pendant que les ouvriers délibéraient, je restai entre la foule et lui… Il m'est impossible de vous donner le nom ni même le signalement d'aucune des personnes qui l'entouraient... »

La salle est pleinement captivée, impatiente de sa version des faits les plus dramatiques. Enfin, il raconte :

« En bas, je me mis en travers de la porte avec le commissaire de police et le sergent de ville. Pendant vingt minutes, nous supportâmes un véritable siège jusque dans l'escalier même. Voyant qu'ils ne pouvaient pas forcer le passage, les assaillants finirent par se replier. Une échelle avait été appliquée contre la fenêtre. On me dit qu'un groupe était monté par là. J'entendis un bruit formidable de lutte. Aussitôt, je montai à l'échelle, j'enjambai la fenêtre et je me dirigeai dans le corridor... »

On imagine cet homme robuste, premier magistrat de la ville, ceint de son écharpe officielle, grimper à l'échelle à la suite des émeutiers.

« Au bout d'un quart d'heure, nous parvînmes à les faire reculer, et ils se retirèrent. »

Fin du premier assaut. Changement de pièce. De nombreuses questions, inévitables, brûlent les lèvres. Mattéï commence :

« Le sous-préfet Simon était alors en bas à la porte principale avec l'ingénieur en chef Laur. Pensiez-vous qu'il fut alors possible de faire venir la gendarmerie ?

– Non. Au reste, occupé à défendre monsieur Watrin, je n'ai pas pensé à la gendarmerie. »

Maître Renault profite aussitôt de l'ouverture :

« Monsieur le maire a-t-il reçu dans la matinée la visite du maréchal des logis ?

– Oui.

– Lui a-t-il donné des instructions pour la journée ?

– Non. »

Renault n'insiste pas et Mattéï reprend :

« Vous pressez bientôt monsieur Watrin de démissionner.

– Oui, et il finit par me dire que j'étais juge de la situation. Une seconde échelle venait d'être dressée contre une fenêtre. Trois ouvriers y montaient déjà. Je les forçai à redescendre. Je fis signe à la foule que je voulais parler. Le silence se fit. Je dis que, sur ma parole d'honneur, monsieur Watrin était à partir de ce moment démissionnaire. Mais la foule se remit à crier : *"Ce n'est pas sa démission qu'il nous faut, c'est lui... Nous voulons le tuer. Qu'on nous tue après !"* Il faisait presque nuit. Le procureur de la République et le juge d'instruction arrivèrent. Puis la pièce fut envahie...

– Dites-nous précisément ce qui s'est passé à ce moment-là.

– Monsieur Watrin se trouvait entre les deux fenêtres. Je fis un rempart de mon corps. Je frappai avec ma canne. Mais des émeutiers passèrent alors par la fenêtre et se glissèrent entre lui et moi. Ils le prirent par les cheveux, lui donnèrent des coups de poing. Ceux qui étaient devant moi essayaient de l'attraper. Il fut alors entraîné vers la porte. Puis soudain il fut ramené vers la cheminée et là, soit de fatigue, soit qu'il ait heurté la cheminée, il tomba la face contre terre. Il fut aussitôt saisi et jeté par la fenêtre.

– Ne pourriez-vous donner le nom ou tout au moins le signalement d'un ou plusieurs des agresseurs avec lesquels vous vous êtes trouvé si longtemps en contact ?

– J'ai reconnu Caussanel dehors… Watrin ayant été frappé derrière moi, je n'ai pu voir qui portait les coups.

– Et sur l'échelle ?

– Il y avait Bedel. »

Maintenant, les questions pleuvent. Maître Laguerre :

« À quel moment les gendarmes se présentèrent-ils à la mairie ?

– Quand les ouvriers faisaient leurs réclamations, et leur présence était alors dangereuse. »

Le procureur général Baradat enchaîne :

« Messieurs Chabaud et Verzat vous ont-ils demandé d'appeler la gendarmerie ?

– Ils l'ont demandé une fois. »

Et c'est à nouveau Laguerre :

« Donnez-nous votre opinion sur la société coopérative.

– Cette société ne représentait aucun avantage pour les ouvriers. La Compagnie a fondé cette société pour les empêcher de trouver crédit chez le commerçant en cas de grève. »

Malicieusement, Renault demande alors :

« Quel est le prix du pain à Decazeville ?

– Je l'ignore. »

Tandis que la salle rit, Renault revient à un autre sujet :

« En votre âme et conscience, une seule retenue sur le salaire a-t-elle été faite pour cause d'élections ? Est-ce qu'il y a même eu des renvois ?

– Je n'en ai pas connaissance. »

Et c'est à maître Gaillard de conclure :

« Que pensez-vous de Lescure ?

– Il est bon travailleur, et bon père de famille. »

Ce n'est pas Jules Cayrade qui va accabler l'ouvrier. L'audience est suspendue. À la reprise, à 16 h 10, Renault demande le rappel des témoins Cayrade, Chabaud et Verzat. Cayrade semble la cible. La salle s'agite et maître Millerand prie le président de faire cesser le bruit.

« Monsieur Cayrade est-il entré dans la pièce où Watrin a été frappé la première fois ?

– Oui, affirme Verzat, et il répétait : *"Ça se corse... Ça se corse..."*

– Je n'ai jamais dit ça ! réagit aussitôt Cayrade.

– Protégeait-il le pas-de-porte ? demande alors Laguerre, et Verzat répond :

– Il protégeait le pas de la porte mais il n'y avait plus personne dans le couloir. »

De nombreux rires éclatent aussitôt et Mattéï agite sa sonnette.

Le sous-préfet de Villefranche, Barthélemy Simon, éclaire l'événement d'un jour nouveau. Lui aussi a des souvenirs nets. On pourrait même croire qu'il était sur la scène du crime rien que pour observer et enregistrer chaque détail.

Il est arrivé à Decazeville en même temps que l'ingénieur Laur, et *« tant pour déférer aux instructions de monsieur le préfet que pour se conformer aux vues de Laur »,* tandis que celui-ci va à la mairie, il se rend *« aussi secrètement que possible »* à l'hôtel avec le capitaine de gendarmerie Lacroix.

Simon fait prévenir Cayrade de son arrivée. À travers les jalousies, vers 16 h 15, il voit la foule s'écouler. Quelques instants après, Bos, adjoint au maire, et Peyrot, commissaire de police, viennent le chercher à la demande de Cayrade.

Ils arrivent sur le plateau, voient une échelle contre la maison et Peyrot s'écrie : *« Ah ! les malheureux ! Courons vite ! »*

« En bas, se tenaient messieurs Cayrade, Bos, Peyrot, Cantaloube, Laur, Lemonier et Carrié. Monsieur Laur était tout couvert de plâtre. À ce moment-là, c'était calme, et il me dit qu'il pouvait en profiter pour aller au télégraphe. J'ignorais encore que monsieur Watrin eût été frappé. Un homme de petite taille, complètement ivre, fut entraîné par le sergent Cantaloube. »

C'est Blanc.

« Quelques instants après, ce même individu revint et me dit : *"Moi, j'ai trois enfants et je ne gagne pas de quoi les nourrir, car je n'ai fait que cinq ou six journées dans le mois."* Il était au premier rang, encore, au moment ultime. Je ne le distinguai pas parmi ceux qui s'acharnaient après Watrin. Mais j'ai la conviction absolue qu'il a dû prendre part au meurtre. »

Un groupe de femmes s'était formé. Simon en remarque trois, très excitées. L'une a la quarantaine, la figure enveloppée d'un mouchoir, le nez en piton, le menton bien en avant, le teint très coloré, les bras nus jusqu'aux coudes, et elle répète : « *Il faut qu'il crève ! Il faut le jeter dans le bassin !* » C'est Marie Cayla qui ne reconnaît avoir dit que les dernières paroles. Simon lui demande si elle est mariée, si elle a des enfants. Que penserait-elle si on voulait leur faire pareille chose ? Elle n'aimerait pas mais cet homme-là a fait trop de mal, il faut s'en débarrasser. À côté d'elle, une fille brune, coquette. Comme Simon lui fait observer que la situation n'avancera en rien les revendications des salaires, elle lui répond que ça lui est bien égal d'aller en prison. Enfin une troisième : lèvres très grosses, veines du cou saillantes, clignement des yeux marqué. Elle dit : « *Il faut qu'il crève, il nous fait assez de misères.* » Elle parle beaucoup en patois.

Ces trois femmes-là semblent tout droit sorties de *Germinal.*

« Et ensuite ?

– Cayrade me fit demander... L'envahissement put être un instant retardé.

– Les trois femmes sont entrées les premières dans la pièce, c'est cela ?

– Oui, et elles se jetèrent sur monsieur Watrin qu'elles ne purent tout d'abord atteindre, grâce au maire. Ce dernier cria : *"Au secours !"* Elles réussirent ensuite à le saisir par les cheveux. Je puis affirmer ce fait car les mouvements de la foule au milieu de laquelle je m'étais jeté avec monsieur le procureur de la République m'amenèrent tout contre lui, et entre ces femmes qui lui tiraient violemment la tête en bas. »

Le meurtre raconté au plus près fait à nouveau frémir la salle. Simon est un témoin clé. Mattéï l'invite à poursuivre :

« Qui d'autre avez-vous remarqué ?

– Un jeune homme de petite taille, maigre, à la figure hâve et cendrée. Il m'avait dit plus tôt qu'il était âgé de dix-huit ans et qu'il ne voulait pas perdre la fleur de son âge... »

C'est Caussanel.

« Je le vis porter un coup de poing à monsieur Watrin. Il se glissa entre moi et le mur. Je le saisis par le cou. Une volée de pierres brisa les carreaux. Je remarquai aussi un homme de très grande taille, vêtu de noir, ayant une forte moustache et un chapeau de feutre noir. Il se dirigea vers la fenêtre de gauche, en arracha la barre qui sert à la fermer et s'en servit aussitôt pour frapper monsieur Watrin. »

C'est Souquières ? Chapsal ?

« Au moment où j'essayai de retenir la femme Pendariès, je fus repoussé de l'autre côté de la pièce. Je me portai de nouveau au secours de monsieur Watrin et aussitôt on le lança vers la cheminée. Je me précipitai, mais trop tard. Trois individus le jetèrent alors par la fenêtre et la pièce se vida.

– Quelqu'un d'autre ?

– À un moment, je vis à côté de moi un ouvrier, qui tenait une barre de fer. Je m'en emparai et l'homme ne fit pas de résistance. Il m'est impossible de donner son signalement. Je crois que c'était un individu de petite taille, portant une barbe grisonnante.

– Quelle est votre opinion ?

– Les vociférations des femmes ont déterminé la dernière poussée qui a eu raison des défenseurs de l'escalier. »

Mattéï se tourne vers l'accusée Cayla, femme Pendariès :

« Reconnaissez-vous avoir eu une conversation devant la porte des bureaux avec le sous-préfet ?

– Oui, mais je n'ai pas dit : *"Il faut qu'il crève."* J'ai simplement crié : *"Au bassin"* ».

Les accusés dénoncés nient la déposition du sous-préfet. Sur la demande des défenseurs, le fonctionnaire déclare ne reconnaître ni Chapsal ni Bedel, pas plus que Granier ou Puech.

Maître Puech revient sur le fait qu'il aurait vu Caussanel, son client, donner un coup de poing à Watrin, et Simon persiste. Puis Laguerre demande :

« Vous aussi avez fait envoyer une dépêche au préfet. À quelle heure ? Quel en était le sens ?

– Vers 16 h 50. Elle disait : *"Situation calme, demande cependant concentration de brigades de gendarmerie."* Je ne sais par quel malheureux hasard ces brigades qui devaient être ce jour-là à Decazeville ont été contremandées. »

Le public s'exclame : « Oh ! » Renault enchaîne :

« À votre arrivée au plateau, le maire vous a-t-il averti que Watrin avait été frappé ?

– Non.

– Depuis le crime, en avez-vous parlé avec lui ? Quels sont ses sentiments ? Aurait-il par exemple manifesté une profonde indignation ?

– Mes fonctions m'obligent à me taire.

– Sans savoir si Watrin avait été frappé, avez-vous envoyé prévenir la gendarmerie ?

– Oui, j'ai envoyé Establié, qui probablement ne l'aura pas prévenue… »

Les témoignages de Peyrot et Cantaloube, respectivement commissaire de police et sergent de ville, terminent la séance du 16 juin. Ils ne sont pas restés les bras croisés, ni quand la grève s'est déclenchée, ni à la mairie, ni à la maison du crime. Ils ont beaucoup marché tout le matin, allant de mine en mine, souvent avec le garde champêtre Hippolyte Noël, essayant de calmer les esprits. À la mairie, ils ont surtout été spectateurs. Ensuite, ils ont fait comme ils ont pu.

De Peyrot, nous apprenons qu'à Bourran, où Blazy est ingénieur, un nommé Puech a été repéré comme l'instigateur d'un groupe de grévistes.

Que, très tôt, Watrin a prévenu le parquet, le conseil d'administration de la Compagnie et probablement le préfet Dumesnil.

Que le maire lui-même a écrit une dépêche au préfet, mais qu'elle lui a été retournée faute d'un affranchissement suffisant...

Sur le plateau, Peyrot ne ménage pas sa peine.

« Pensant que son autorité était méconnue, j'ai donné mon écharpe au maire. Nous avons lutté. Le sous-préfet a dit à la foule : *"Si j'engage la parole du maire, la mienne, celle du commissaire de police, pour la démission de Watrin, serez-vous contents ?"* La foule lui a répondu : *"Il est trop tard. À mort Watrin ! Il irait ailleurs faire les mêmes misères aux ouvriers. Nous le tenons, il faut nous en débarrasser."* J'ai même entendu : *"Si nous n'avons pas le temps de nous en débarrasser à présent, nous avons la dynamite pour cette nuit."* »

La lutte est terrible dans l'entrée. Pas possible de résister.

« Tout à coup, une poussée plus forte m'a renversé. Ils me sont passés dessus. J'ai essayé de les retenir en me cramponnant à leurs jambes. Et puis j'ai vu le cadavre de monsieur Watrin tomber de la fenêtre. En fait, croyant qu'un assaillant était tombé de l'échelle, je me suis précipité pour lui porter secours. Mais c'était bien Watrin. Il était déjà entouré d'hommes, de femmes et d'enfants qui s'acharnaient sur lui, le piétinant, déchirant ses habits, écorchant sa figure, lui tirant la barbe...

– Vous étiez avec qui à cet instant ?

– Le procureur de la République. J'étais tout retourné. Le juge d'instruction m'a dit de me calmer. Il restait un gamin, là... »

C'est Caussanel.

« Je lui ai dit : *"Eh bien ! polisson, es-tu content maintenant ?"* Il ne voulait pas s'en aller. Il a répondu : *"Il nous en faut un autre."* J'ai voulu l'arrêter mais on m'a dit qu'il serait toujours possible de le retrouver... Caussanel est un de ceux contre lesquels j'ai eu le plus à lutter. Avec la femme Pendariès.

– Pourriez-vous donner des renseignements sur les accusés ?

– Je connais tous les accusés, sauf Souquières. Ils sont ivrognes, querelleurs et voleurs. »

Le témoignage de Cantaloube n'apporte guère. Il rejoint le maire au plateau avec le commissaire de police et le garde champêtre. Et puis :

« Je me suis mis à côté de monsieur le maire pour lui prêter main-forte.

– Avez-vous reconnu un homme en état d'ivresse qui a lutté plusieurs fois pour gravir l'escalier ?

– J'ai vu un individu soûl que le commissaire de police s'efforçait de contenir et qui criait qu'il n'avait pas de pain pour sa famille…

– N'avez-vous pas connu un individu de haute taille qui au moment du drame final a détaché l'espagnolette de la fenêtre et s'en est servi pour frapper monsieur Watrin ?

– Je ne l'ai pas remarqué.

– Avez-vous vu des femmes qui s'acharnaient sur la victime ?

– Comme il faisait déjà nuit, je n'ai distingué aucun des assaillants. »

Et c'est ainsi que s'achève la deuxième journée d'audience.

Chapitre XXXIII

WATRIN EST MORT

Audience du jeudi 17 juin

La tribune des dames ne désemplit plus, nous informe le localier. Lui et ses collègues occupent un tiers de la salle d'assises. Ces journalistes sont parfois bruyants – un employé recueille sans cesse les dépêches qu'il porte au télégraphe. Le tribunal est toujours comble. Beaucoup essaient de se procurer une carte, le sésame obligatoire pour assister aux audiences, sans succès. Les accusés restent sous bonne garde. On leur fait prendre les repas sur place. On veut éviter les transports multiples qui fourniraient aux anarchistes l'occasion d'un coup d'éclat. Des gendarmes à cheval font en permanence le tour du tribunal. Une compagnie d'infanterie garde l'intérieur et les cours. Des fonctionnaires surveillent les accès aux sous-sol et combles.

L'audience du 17 juin voit défiler beaucoup d'autres témoins, grâce à quoi se complète le tableau. On s'approche de la vérité, de ce qui s'est réellement passé mais, pour autant, les responsabilités restent incertaines.

N'en déplaise à ces messieurs de la Compagnie des Houillères & Fonderies de l'Aveyron, ils étaient nombreux à défendre Watrin.

Ils sont épuisés de se battre, et il fait nuit noire maintenant, et les corps en sueur, qui ont beaucoup enduré, ressentent plus vivement le mordant de l'hiver. En bas, Alexandre Bos, adjoint au maire, dit à Léon Peyrot, commissaire de police : *« Tenez bon, je vais voir là-haut ce qui se passe. »* Il n'y a plus personne dans l'escalier ni dans le corridor. Dans la pièce, Bos demande : *« Où est Watrin ? »* et Cayrade répond : *« On l'a tué... et on l'a jeté par la fenêtre. »*

Bos redescend. Watrin gît à terre, les bras et les jambes écartés. Des gens l'entourent encore. La voix de Cayrade résonne bientôt : *« Misérables ! Assassins ! Voilà ce que vous avez fait ! »* Et survient le docteur Puechagut. Qui l'a prévenu ? Quand ? Le pouls bat encore. Bos finit de chasser les assaillants : *« Allez-vous-en, vous voyez qu'il est mort, que voulez-vous de plus ? »*

Bos ne peut fournir ni le nom ni le signalement des agresseurs. Et pourtant, il connaît Caussanel, Lescure et Blanc... Il pense sans certitude que Souquières était en bas quand Watrin a été jeté par la fenêtre. Serait-ce alors possible que Souquières ait arraché l'espagnolette ?

D'autres adjoints étaient à la lutte. Nègre, pharmacien, attrape un agresseur par le pantalon et le fait descendre de l'échelle. Il est bousculé et renversé plusieurs fois et quelqu'un finit par lui dire : « *Vous voulez le sauver. Vous ne valez pas plus que lui. Prenez garde à vous !* » Nègre voit une autre femme que la Pendariès, coiffée elle aussi d'un mouchoir, mais plus âgée, avec des yeux malades. Et Chapsal ? C'est son voisin. Nègre n'a jamais eu à s'en plaindre. Chapsal porte tantôt la barbe, tantôt seulement la moustache. Et il sort presque toujours tête nue… Serait-ce alors si important le fait que Chapsal ait pu oublier son chapeau sur la scène du crime ? Oui, mais à la condition d'avoir la certitude qu'il en portait un ce jour-là.

Autre adjoint : Chauveau, propriétaire. Il suit Cayrade sur l'échelle. Il est à défendre l'entrée de la pièce. Il saisit Lescure pour le faire sortir du bâtiment. La foule croit qu'il le conduit en prison mais il rassure tout le monde. Chauveau et Lescure vont boire un bock au Café des Mines. Ils y passent un moment. Serait-ce alors concevable que Lescure ait jeté Watrin par la fenêtre ? Non. Mais il a frappé Watrin. Ce fait est incontestable.

Quand Chauveau revient devant les anciens bureaux, Watrin a déjà été transporté ailleurs. Le président Mattéï demande :

« Au café, n'avez-vous pas entendu Lescure dire à quelqu'un : *"Je crois qu'il en a assez pour son compte"* ?

– Non, je ne l'ai pas entendu. »

Quand il est question de Blanc, Chauveau confie qu'il n'a jamais rien entendu de négatif contre lui. Et Blanc fond en larmes. Depuis le début de l'audience, Blanc ne cesse de pleurer.

C'est justement Blanc, fin soûl, que l'adjoint Establié, négociant, essaie d'entraîner au-dehors, mais il lui est arraché par des femmes. Establié ne les connaît pas. L'une d'elles est très forte, probablement *une ouvrière de la grille*.

L'adjoint Dégoul, lui, voit le maire grimper à l'échelle et décide de rester avec Lemonier. Il reconnaît Lescure, qui est un brave garçon quand il n'a pas bu. Mais pas Blanc, Bedel, Caussanel, non plus la femme Pendariès.

Comme Cantaloube, les adjoints du maire semblent avoir été à certains moments victimes de cécité. Cela en deviendrait louche. Certes, il faisait noir.

Les adjoints donc. Mais aussi Carrié, mineur, Moulinou, suppléant du juge de paix, Lemonier, chef de fabrication, et Noël, garde champêtre.

On ne dira pas que les mineurs n'ont pas donné aussi de leur personne. S'il n'y en avait qu'un : Carrié, l'homme de la longue grève, camarade dans la lutte d'Émile Basly, le célèbre député ouvrier.

Carrié essaya de calmer les esprits, et bientôt on cria qu'il ne valait peut-être pas mieux que Watrin... L'ingénieur Laur le prit par le bras. Il ne monta pas à l'étage. Mattéï lui demande :

« Pourriez-vous dire quelle était la cause de la haine que les ouvriers avaient contre Watrin ?

— Messieurs Watrin et Blazy ont fait tout ce qu'il fallait pour ne pas être aimés. Quand un ouvrier avait sujet de se plaindre, s'il réclamait à Watrin, ce dernier le renvoyait à l'ingénieur qui ne faisait jamais justice. L'ouvrier redoutait de s'adresser au juge de paix, car celui qui plaidait était sûr de ne pas faire long feu dans la Compagnie. »

Carrié a un langage modéré et loyal, ce qui lui vaut les félicitations de la cour. Et c'est au tour de Henri Lemonier. À un moment, il monte à l'étage et découvre Watrin ensanglanté, qui lui donne le nom de Lescure, disant : *« Je ne comprends pas que Lescure m'ait traité ainsi. »*

À la barre, le témoin ne contient pas son émotion. Il pleure.

« Pouvez-vous nous indiquer le nom ou le signalement d'un ou plusieurs des agresseurs ?

— La foule était trop mobile, trop mouvante, pour qu'on se souvienne d'un visage. »

Ensuite Moulinou. Il bataille à l'étage. Un homme arrive par l'échelle et saute dans la pièce. Watrin est assailli par des femmes et Moulinou essaie de le défendre. Il prend la plus acharnée à bras le corps et la fait sortir. Il ne reconnaît pourtant personne... Ils étaient si pressés et bousculés. Il n'a même pas vu le corps au moment où il était soulevé.

Enfin Noël. À la demande du maire, le garde champêtre est allé quérir le sous-préfet à l'hôtel. Puis il s'est joint à Bos et Peyrot. Il voit des individus grimper à l'échelle. Il en empêche d'autres de monter. Et c'est à ce moment-là que le corps est jeté par la fenêtre. Il n'a pas remarqué l'individu qui portait une veste d'artilleur. Il n'a pas vu l'homme de très grande taille, vêtu de noir, avec une forte moustache et coiffé d'un chapeau noir. D'ailleurs, Noël n'était pas dans la pièce du crime. Et il doit l'avouer :

« Je ne sais plus rien… »

Nous les attendions, ils arrivent. Mais que faire quand on n'a plus rien à faire ?

Lacroix, capitaine de gendarmerie à Villefranche, était à l'hôtel. Il attend. Le commissaire de police Peyrot l'avise plus tard que tout est fini et quand il arrive sur le lieu du crime, il n'a plus qu'à faire enlever le corps. Il est aidé en cela par Pierre Paul, garde de la Compagnie, à qui revient aussi le soin de recueillir les pièces à conviction. Quelqu'un a prévenu le garde Paul que Watrin était mort. « *On a tué Watrin !* » Il est accouru.

Watrin est transporté du hangar au vestibule de la maison Bouyssou, et survient alors une vingtaine de jeunes gens, qui insistent pour voir le corps, à qui le procureur de la République, resté au-dehors, crie : « *Que voulez-vous ? Il est mort, vous l'avez tué, vous devez être contents.* »

La question importante ici est de savoir si le gendarme a reçu la dépêche que lui a envoyée le sous-préfet, dépêche que celui-ci aurait confiée à Establié. La réponse est non. Establié, d'ailleurs, affirme qu'il n'a pas entendu qu'on le chargeât de porter cet ordre au capitaine…

Les témoignages des autres gendarmes ne disent rien ou presque que nous ne sachions déjà.

Oui, Cayrade a décliné l'aide du maréchal des logis Ulysse Rameau. Et quant aux accusés ? Puech est un de ses plus fidèles *clients*. (Le tribunal éclate de rire.) Cayla est une femme de mauvaise vie. Granier et Souquières sont des vilains. La fille Phalip n'a pas une trop mauvaise réputation. Caussanel n'est pas idiot mais il a été fort maltraité par ses parents et son état mental s'en ressent. Mattéï lui demande :

« Votre intervention aurait-elle suffi à protéger Watrin ?

– Connaissant les accusés comme je les connais, je suis sûr que mon intervention aurait suffi à contenir la foule. Plusieurs fois, j'ai constaté mon influence sur Lescure et d'autres ouvriers très violents. Un mot de moi suffisait pour les ramener dans l'ordre. »

Le gendarme Rech confirme la mauvaise réputation des accusés. Il ne peut préciser si réellement Chapsal a été vu avec ou sans chapeau dans la soirée du crime. Puis c'est au tour du gendarme Mazenc, et surtout de son collègue Albertini à qui, à la mairie, Cayrade aurait dit : « *Je n'ai pas besoin de vous, retirez-vous, foutez-moi le camp.* » La foule a applaudi et crié bravo.

« Témoin Albertini, le maire vous a-t-il dit : *"Foutez-moi le camp"* ?

– Oui. »

Sur la demande de maître Millerand, le commissaire de police Peyrot vient affirmer que le maire n'a pas eu ces mots. Albertini maintient. Tout comme Rameau, questionné par maître Renault. Sur quoi Cayrade, resté dans la salle, se lève et s'approche de la barre pour se défendre.

Soudain, c'est le tapage. Millerand proteste contre la comparution à l'audience de gendarmes qui viennent affirmer que le maire a prononcé à leur égard une parole grossière, alors que ce dernier nie un fait de nature à porter atteinte à son honneur d'homme et de magistrat. Mais de qui donc fait-on le procès ? La discussion entre la défense et le ministère public est vive. Des bravos s'élèvent de l'auditoire et du banc de la presse. Mattéï agite sa sonnette. Les huissiers crient en vain : « *Silence !* » Maître Gaillard intervient alors pour regretter que le président empêche les avocats de questionner les témoins.

« Vous avez posé toutes les questions qu'il vous a plu de poser.

– Après avoir lutté contre vous, monsieur le président, cette lutte ne devrait pas être nécessaire, quand il s'agit de la tête d'un homme. »

L'incident est clos.

Quand les gendarmes arrivent, Jules Watrin est mourant. Le docteur Couly, médecin de la Compagnie, témoigne :

« La blessure la plus grave a été celle de derrière la tête, due à un coup de talon. La figure de la victime était dans un état affreux. Le cou était énormément gonflé, le nez écrasé. Il y avait une entaille profonde entre les deux yeux. La peau du haut du front était décollée et l'os à nu. »

Jules Watrin meurt aux alentours de minuit. Couly procède à l'autopsie, avec Adolphe Puéchagut, médecin à Drulhe. Maître Gaillard demande à ce dernier :

« La blessure consécutive au geste de Lescure n'était pas mortelle, n'est-ce pas ?

– Je ne saurais le dire, mais toutes les blessures ont contribué à sa mort. »

Chapitre XXXIV

DES BRIGANDS

Audience du jeudi 17 juin

Nous aimerions des accusés à la bonne moralité ou peu s'en faudrait, et même, pourquoi pas, portés par un idéal noble, leurs avocats aussi sans doute. C'est très loin d'être le cas.

On juge là le crime d'une certaine misère, et les coupables en l'espèce n'ont pas souvent, et même jamais, d'atours très glorieux. Ils ont en revanche, toujours, des pulsions incontrôlables.

La foule s'est dispersée. Le bruit court dans Decazeville : on a tué Watrin. Et Blazy ? Il a eu chaud. Il s'est enfui.

On croise quelqu'un qui croise quelqu'un qui était là-bas et qui a vu quoi ? On ne sait pas trop.

Des témoins se succèdent sans que parfois cela ait trop de rapport avec le meurtre même. À ce train-là, toute la ville peut passer à la barre !

Les avocats s'indignent. Maître Gaillard, en particulier. Les pièces de la procédure n'ont pas été communiquées à temps voulu aux défenseurs. Ce n'est que deux jours avant le procès qu'il a pu prendre connaissance du dossier, qui est très volumineux, et dont il n'existe qu'un seul exemplaire. Les défenseurs n'ont pas eu par conséquent le temps moral, nécessaire pour l'étudier.

« C'est un moyen très commode de faire à l'audience même vingt instructions, alors qu'il ne s'agit que d'une seule. Vous citez des témoins de faits complètement étrangers à l'affaire actuelle. »

Malgré tout, suivent de nouvelles dépositions sur ce qui s'est passé le matin dans les mines, et l'après-midi à la forge. Puech, Bedel et Caussanel ont arraché des grilles. Oui, et cela ferait d'eux des meurtriers ? Caussanel s'écrie : « *Ce n'est pas vrai, vous mentez, ici il faut dire la vérité !* » Cela provoque l'hilarité.

Et d'autres dépositions encore, relatives à la moralité des accusés. Qui accablent surtout Lescure. Lescure ayant été renvoyé de la forge, les surveillants ne voulaient pas le reprendre et Watrin serait allé lui-même les trouver afin qu'ils changent d'avis. Watrin donnait même des *bons* à ses enfants. Lescure, l'ingrat. Lescure, le querelleur. On revient même (Jean Saysset, dit Pascal, lamineur) sur cette affaire du coup de sabre. Ça remonte à avril 1881. Ils étaient pourtant bons camarades...

Les défenseurs s'agacent encore.

Et il faut bien que certains n'aient pas pu tenir leur langue... La foule a reflué. Mais le mineur Pézénas croise quatre gars qui, à les en croire, s'en vont cueillir Blazy à son domicile. Mais chut ! chut ! Ça mérite bien d'aller raconter ça au maître mineur Isaac, mais ouf, Blazy a déjà pris la poudre d'escampette.

Des gars la ramènent les jours suivants, sur les foirails. La même menace pèserait sur Petitjean... Baste !

Et quoi de plus décisif ?

Plus tard, ce 26 janvier, Joseph Lescure pénètre chez Marie Hippolyte. Il est vers 18 heures. Il y a là Rascalou, Louis Bedel et Henri Lescure, qui dit : *« Qu'est-ce qu'on peut me faire ? On m'en foutra pour cinq ans. »*

Le lendemain, Félix Lagarrigue, employé des forges, croise Massol, palefrenier, lequel a été de corvée pour porter Watrin. Massol dit à Lagarrigue que la veille, à un certain moment, Lescure lui a dit : *« Watrin en a assez pour son compte. »* Mais devant la cour, Massol nie, jamais il n'a dit à Lagarrigue que Lescure lui a dit... Lagarrigue a alors cette phrase :

« Les gens quelquefois savent tout, et puis quand il faut parler ils ne savent rien ! »

Louis Perrot, comptable, confirme cependant les propos de Lagarrigue. Puis on s'attarde sur le cas Bedel. Bedel !

Jacques Moreau est maître maçon. Il embauche Bedel mais un ingénieur de Combes vient lui tenir ce propos : « *Vous avez un homme qui a eu quelque chose avec la Compagnie, il ne faut pas le garder dans la mine.* » Bedel réagira en disant : « *Je vois d'où ça vient. Plus tard, nous verrons.* » Menace à peine voilée.

Pierre Lacaze, garde de la Compagnie, lui, surprend Bedel à voler des briquettes. À un autre moment, Bedel lui dit : « *Donnez-moi 50 francs et j'en tue un aujourd'hui.* » À quoi Lacaze rétorque : « *Je te les donnerai, mais pour que tu ne tues personne.* » Le 26, il a vu Bedel empêcher les ouvriers de rentrer dans la mine. Ah ! Bedel ! Renvoyé de partout pour son inconduite et son caractère tapageur. Les gardes de la Compagnie sont unanimes, comme Louis Medge et Pierre Coubet à qui Bedel lance un jour : « *Eh bien, puisqu'on ne veut pas nous faire travailler, nous allons former une compagnie de brigandage.* »

Pierre Vernet a vu Bedel à Lavaysse, parmi les mineurs venus pour faire arrêter le travail. Il a renversé des wagons. Eugène Madières, conducteur de chevaux, confirme :

« J'étais occupé à conduire un convoi de wagonnets chargés de terre. Par malheur, un de ces chars s'est renversé. Des ouvriers sont venus à mon aide, mais des grévistes ont alors surgi. Ils disaient : *"Laissez ces chars. Il faut quitter le travail et nous suivre."* Et en même temps ils ont renversé les chars encore debout… J'ai reconnu Bedel. J'ai dételé le cheval et je l'ai ramené à l'écurie. »

Si ces témoignages aggravent l'image de Bedel comme des pierres accableraient le mulet, ils ne font pas pour autant de lui un meurtrier. D'autant moins que d'autres témoins assurent qu'il était au bas de l'échelle quand Watrin fut jeté par la fenêtre…

C'est ensuite à Blanc d'en prendre pour son grade. Fricou affirme pourtant que, après l'enterrement, *endimanchés,* ils allèrent boire à l'auberge Brie… Ce qui tendrait à prouver, sinon l'ébriété de Blanc, du moins le fait qu'il ne pouvait être dans le bureau de Watrin. Fricou est ce qu'on appelle un témoin à décharge. Il en faudrait plusieurs comme lui…

Après Fricou, Pierre Pendariès apporte au tribunal une certaine distraction.

« Blanc avait demandé ma femme en mariage, mais elle m'a préféré. Pourtant, je sais que depuis six mois ils avaient des relations ensemble et je les ai même surpris une fois sur le fait… »

Une vague de rires traverse le tribunal et le président Mattéï agite sa sonnette.

« La misère a obligé ma femme à se conduire ainsi… Elle m'a avoué que Blanc lui avait donné 3 francs cette fois-là, et depuis à peu près 2 francs à chaque paie… »

D'autres rires éclatent mais Pierre Pendariès continue à parler, tandis que Laguerre, l'avocat de sa femme, s'absorbe dans la lecture de ses notes.

« De Marie, j'ai eu cinq enfants. Ma femme n'est pas dépensière. Lorsque je la critiquais sur sa conduite, elle me disait : *"Je n'ai pas fait ça pour obtenir des gourmandises mais pour avoir l'indispensable."* J'ai toujours eu du travail, sauf l'hiver de 1885. C'est à ce moment-là que ma femme s'est décidée à se mal conduire. Elle m'a dit : *"Je n'y aurais jamais pensé, mais nous sommes des misérables. On offre de me donner 5 francs, et je les gagnerai si tu veux."* Je lui ai répondu : *"Fais comme tu voudras..."*, et depuis elle s'est livrée à la débauche. »

Le président Mattéï ne paraît pas affligé, mais il revient vite aux faits, demandant par-dessus les rires qui redoublent :

« Étiez-vous sur le plateau le soir du drame ?

– J'étais devant les bureaux du plateau lorsqu'on a jeté Watrin par la fenêtre. Ma femme était au bas de l'escalier. Je l'ai prise par le bras et je lui ai dit : *"Viens, nous n'avons rien à faire ici."* Nous sommes passés près de Watrin, qui était par terre, et je peux affirmer qu'elle ne l'a pas touché. »

Après l'auberge Brie, Blanc est allé à l'auberge Lissorgues. C'est Gayrard et Vigne qui l'y ont vu, entre midi et 13 heures. Ah !

L'audience du 17 juin se termine enfin par le cas Souquières.

Souquières était à Lavaysse à 8 h 30, en costume militaire (De Verneuil, ingénieur).

Souquières était à Bourran à 12 h 15, revêtu d'une tunique d'artilleur (Portal, maître mineur).

Souquières était près du puits avec une veste d'artilleur ou du génie. Bedel n'était pas loin. Souquières disait aux ouvriers qui descendaient par la cage : « *Nous allons couper le câble* » (Andrieux, maître mineur).

Souquières est venu chercher une hache. Il portait une *toque* (Cassagne, machiniste).

Souquières est parti chez sa mère, c'était vers 14 h 30 (Daynat, manœuvre).

Souquières…

L'audience est levée à 18 heures. Près de cent témoins sont alors passés à la barre.

Chapitre XXXV

BARBE, CHAPEAU ET ÉCHELLE

Audience du vendredi 18 juin

Granier a un alibi, peut-être. Son beau-frère Roulet, avec qui il n'est pas en très bonne intelligence, est pourtant avec lui à l'auberge Comby. Il y a aussi le frère, Louis Granier. Certes, de l'auberge au lieu du crime, il n'y a pas loin, quelques enjambées tout au plus, même en titubant. Mais ils sont ensemble de 16 à 17 heures, au moins. Même qu'ensuite les frères Granier sont partis du côté de l'igue de Cantagrel. « *On venait d'allumer le réverbère au bas de la rue Cantagrel et l'allumeur marchait devant moi.* »

Léontine Comby, la patronne, se souvient que Granier était dans son auberge au moment où la foule venait du plateau et annonçait la mort de Watrin.

Louis Granier, on serait surpris du contraire, apprend ainsi, sur la place Decazes, que Watrin a été tué, et son frère était avec lui.

Néanmoins, dans ces eaux-là, d'autres ouvriers sont à l'auberge Comby, et ils ne voient pas l'accusé : Ruscassié (vers 17 h 15), Toulouze fils (et pourtant il connaît bien Granier, pour être allé à l'école avec lui) et Toulouze père. À peine, dira l'un d'eux, étaient-ils assis que la foule descendait du plateau et annonçait la mort du *malheureux Watrin*...

Bon, et il y a aussi, toujours, cette question de barbe et de chapeau, ce qui nous ramène à Chapsal, cordonnier de son état, dont tout le monde peut encore légitimement se demander ce qu'il fichait bien dans cette sombre affaire.

Le témoignage de Victor Vergnes, maître cordonnier, plaiderait en sa faveur. Chapsal travaillait dans son atelier en qualité de premier ouvrier. Dans la journée du 26, Vergnes le voit à la tâche, de 14 à 15 heures, mais il descend ensuite au magasin et ne se soucie plus de lui. Et sinon ? Chapsal portait tantôt toute sa barbe, tantôt il n'en gardait qu'une partie. Très souvent, il allait tête nue.

« Si j'avais soupçonné quoi que ce soit, je l'aurais renvoyé. Mais dans les semaines qui ont suivi, je n'ai rien remarqué dans son attitude. Comme il est fort bavard, s'il avait commis quelque chose, il n'aurait pas su se taire. »

Malheureusement, le cordonnier Charles Costes voit sortir Chapsal vers 15 heures, pour ne plus le revoir de la journée.

Chapsal croisera bientôt le chemin de Maria Passemar, âgée de seize ans, couturière. La jeune fille est en proie à une telle émotion qu'on doit lire sa déposition.

Maria était au plateau quand on a défenestré Watrin. Ensuite, sur la place Decazes, elle a croisé un individu qui a dit : « *Ah ! mille dieux, j'ai laissé mon chapeau, mais je ne vais pas le rechercher.* » Il avait des moustaches noires. Souventes fois, elle a vu ce *gaillard homme* en tablier bleu devant chez le cordonnier Vergnes. Le président Mattéï lui demande :

« Reconnaissez-vous cet homme parmi les accusés ?

– Oui. »

Chapsal bondit et s'adresse à la jeune fille :

« Je n'ai perdu aucun chapeau ! Est-ce sur la place Decazes que vous prétendez m'avoir vu ?

– C'est après avoir dépassé la place Decazes, dans la rue en face le café Rouquette.

– Je ne me rappelle pas le témoin, s'enflamme Chapsal. Je me suis bien trouvé à cet endroit, mais à un autre moment. »

Un murmure parcourt le tribunal. Maître Bouchez observe que Maria Passemar a eu l'esprit si frappé par la scène du meurtre que le soir même elle est tombée malade. Son dire ne peut-il être l'effet d'une imagination dérangée ? Il observe en outre qu'il est surprenant qu'elle n'ait rien dit à ses nombreuses compagnes de couture avant l'arrestation de Chapsal. C'est bien étrange.

Qu'il croise ou non Maria Passemar, Chapsal rentre chez lui et se trompe de chambre.

Madame Maurs, veuve, discute avec madame Petit, veuve aussi. Il doit être 17 h 30, par là, madame Maurs ne peut l'affirmer car elle n'a pas de pendule. Toujours est-il que, soudain, la porte s'ouvre. Le président Mattéï demande :

« Lorsque Chapsal a ouvert la porte de votre chambre, saviez-vous que Watrin était mort ?

— On disait bien qu'on l'avait frappé mais je ne savais pas qu'il était mort. Je ne l'ai su qu'environ deux heures après, lorsque je suis sortie avec ma fille sur le balcon. On le disait dans la rue.

— Chapsal ouvre la porte. Que dit-il ?

— *"Pardon, je me trompe, je croyais entrer dans la chambre de Tabanon."*

— Portait-il la barbe ?

— Je ne me rappelle pas. Mais dans l'escalier quelqu'un a dit : *"Il n'a pas de chapeau !"*

— Tâchez de nous donner l'heure précise à laquelle Chapsal est entré chez vous ?

— Nous n'avions pas soupé. Nous causions, éclairées par la lueur du feu. »

La veuve Petit se souvient que les becs de gaz étaient allumés, et puis qu'elles ont entendu dire que les gendarmes allaient au plateau. Aussi Mattéï rappelle le maréchal des logis Ulysse Rameau à la barre. C'était quelle heure donc ? Vers 19 heures. Aussi Chapsal alors s'exclame :

« J'avais mon chapeau ! Et il était 19 heures ! Voilà la vérité !

– Et c'est bien ce que nous recherchons », gronde le président.

On apprend de Henri Maffre, perruquier, que Chapsal s'est fait raser chez lui le jour de son arrestation. Voici un fait important...

Le témoignage le plus intéressant sans doute vient de Baptistine Gauthier, que l'accusé a épousée en secondes noces.

« Le jour de la grève, mon mari est venu dîner à midi dans la chambre que nous habitons tout près de la maison Vergnes. Il est revenu souper le soir à 19 heures.

– Que vous a-t-il annoncé quand il est venu dîner ?

– Il m'a dit qu'on voulait se mettre en grève, et qu'on voulait tuer Watrin, mais il ne m'a pas dit de qui il tenait ce renseignement ni où il l'avait appris.

– Le soir, quand il est venu souper, vous a-t-il paru normal ?

– Je n'ai rien remarqué de particulier.

– A-t-il parlé de Watrin ?

– Il trouvait qu'on n'aurait pas dû le traiter si cruellement.

– Vous avez dû demander ce qu'on lui avait fait ?

– En effet, et il m'a répondu que les gens étaient descendus de la place Decazes, et qu'on l'avait tué, qu'on l'avait frappé d'abord à la tête, qu'on l'avait ensuite jeté par la fenêtre, et qu'il était tombé sur une meule à aiguiser. Je lui ai demandé s'il était mort sur le coup. Il n'a pas su me répondre. Il m'a dit seulement qu'on l'avait abîmé, qu'on n'aurait pas dû le tuer de cette manière. Il a ajouté : *"Les ouvriers pouvaient bien se mettre en grève et demander l'augmentation de salaire sans le tuer."*

– Comment votre mari portait-il habituellement la barbe, et comment l'avait-il ce jour-là ?

– Mon mari ne portait que la moustache. Il ne portait point du tout de barbe. Il se faisait raser tous les dimanches.

– N'auriez-vous pas eu quelque chose à reprocher à la Compagnie ou à monsieur Watrin ?

– Non, monsieur.

– Ne saviez-vous pas qu'on envisageait l'ouverture d'un magasin de chaussures à la société coopérative ?

– J'en avais entendu parler, mais je ne sais pas si mon mari le savait. Nous n'en avons d'ailleurs jamais parlé ensemble. »

On dirait une leçon bien apprise. On sait que Chapsal la brutalisait. Le président Mattéï se tourne vers lui :

« Comment connaissiez-vous ces détails sur le meurtre ?

– Par la rumeur publique.

– Redites-nous l'emploi de votre temps l'après-midi de ce 26 janvier.

– Vers 15 heures, j'ai assisté aux scènes de la mairie. Vers 17 h 15, je suis retourné à l'atelier prendre ma montre, je l'avais oubliée. Un peu plus tard, je suis rentré souper chez moi d'où je ne suis plus sorti avant 19 heures... »

On en oublierait son chapeau... Et l'on s'aperçoit que les éléments qui ont conduit aux accusations sont tout de même bien minces.

Quelques témoins passent encore à la barre. Comme Angèle Assié, qui est certaine d'avoir vu Caussanel dresser tout seul une échelle contre les anciens bureaux. L'accusé ne s'en souvient pas : *« Je n'en sais rien, j'ai le chemin de fer qui me roule dans la tête... »* Tandis qu'on rit à nouveau dans le tribunal, maître Puech pointe vivement la contradiction. Comment donc ? Son client, si frêle, aurait pu accomplir à lui seul une besogne qui réclamait le concours de trois ou quatre robustes gaillards ?

Les derniers témoignages concernent Eulalie Phalip, et ils sont négligeables. Labro, surveillant au criblage, déclare qu'elle était une ouvrière légère et mal embouchée. Justine Bibal alla à la mairie avec l'accusée et puis elle ne la revit plus. Émilie Arguel suivit la foule avec Eulalie mais elles n'allèrent pas jusqu'au plateau et encore moins jusqu'à la maison du crime.

« Dans votre déposition, il est pourtant écrit le contraire.

– On s'est trompé, monsieur le président. »

Chapitre XXXVI

LA COMPAGNIE EST BIEN BONNE

Audience du vendredi 18 juin

Quelques témoignages encore. Il est tout de même nécessaire de revenir sur l'attitude de la Compagnie. Toujours ces questions, celle des renvois, celle du boisage, celle de la société coopérative, celle surtout, même si toutes sont liées, des salaires, qui est la source de tous les maux. La parole aux délégués.

D'abord Baldet, à qui maître Renault demande en préambule si Watrin n'aurait pas été tué par des ouvriers étrangers à la Compagnie, plutôt que par de *vrais* ouvriers. C'est indéniable…

Sur la demande de Millerand, Puecgarric, Entraygues et Monferrant expliquent les modes de salaires. En somme, les ouvriers faisaient un crédit d'un mois de salaire à la Compagnie… Maître Renault proteste.

Au risque d'endormir le tribunal avec des explications fastidieuses, on fait encore passer à la barre plusieurs ouvriers.

Soubrié, Jean-François, le cousin de François, condamné pour avoir menacé de *watriner* son monde, parle de la société coopérative, qui était une bonne chose pour le pain, mais pas pour le reste. Par exemple, des ouvriers achetaient de la viande en gros, pour la revendre au détail, croyant ainsi améliorer leur sort. Mais cela ne fonctionnait pas. Ils finissaient par revendre leur viande à un prix moindre. Ils se ruinaient plutôt. Une fois dans l'engrenage de la coopérative, c'était la misère à perpétuité.

Couly parle de Lalande, lequel s'était vu réduire ses gains, en conséquence de quoi, courageux, il avait cité l'ingénieur Blazy devant la Justice de paix. La Compagnie avait perdu mais Lalande avait été ensuite refusé partout.

Parrot, lui, raconte qu'il travaillait à la mine de Bourran en qualité de chef de chantier. Il fut renvoyé par Blazy, au motif qu'on avait trouvé du schiste dans deux bennes de charbon. Il fallait faire un exemple…

L'attention est maintenue, ce quatrième jour d'audience, car deux personnalités sont particulièrement attendues. La première parce qu'elle est pour ainsi dire les yeux, la voix et les oreilles de la Compagnie à Decazeville. La seconde parce que, si elle n'avait eu bon flair et bonnes jambes, elle aurait rejoint Watrin *ad patres.*

Voici donc Gustave Petitjean, 55 ans, administrateur délégué de la Compagnie des Houillères & Fonderies de l'Aveyron, la ligne directe vers Léon Say.

Petitjean, évidemment, vante toutes les qualités de Watrin et certifie son irréprochable conduite. Quant à la Compagnie, elle se serait ruinée pour le bien-être de ses ouvriers... À cet égard, la société coopérative a été mal comprise. En la fondant, Watrin n'avait eu qu'un but : diminuer les charges des ouvriers.

« La Compagnie a consenti d'énormes sacrifices pour maintenir l'emploi... Monsieur Watrin montrait de l'intérêt aux familles... Mais celles-ci considéraient comme espionnage ce qui était bienveillance ! »

À ce moment-là, maître Renault peut montrer la Compagnie sous son meilleur jour, aussi en profite-t-il :

« Il existe une caisse de retraite. De quoi s'agit-il ?

– La Compagnie l'a fondée il y a quatre ans. Elle lui coûte 48 000 francs par an. Elle donne des secours à cent soixante-neuf familles. Il n'est perçu, pour l'alimentation de cette caisse, aucune retenue sur les salaires des ouvriers. Quant à la caisse de secours qui fournit des médicaments et des soins aux malades, ce sont les retenues opérées sur les salaires des ouvriers qui l'alimentent pour une petite partie... »

Petitjean énumère des chiffres et des pourcentages qui fatiguent. Le tribunal soupire.

« Le service de la caisse de secours a fonctionné pendant toute la durée de la grève. Il en est résulté pour la Compagnie un déficit de 39 000 francs.

– Monsieur Watrin avait-il une tendance à opérer des économies sur les salaires ?

– Jamais ! Sa théorie était qu'il fallait toujours toucher à la matière, jamais à la main-d'œuvre.

– Expliquez-vous sur les ruptures de contrat dont il a été question plusieurs fois.

– Je défie qui que ce soit de montrer un seul contrat qui n'ait pas été tenu ! »

Il est question aussi des relations de la Compagnie avec le maire, bienveillantes, à preuve le lavoir et la halle qui ne lui coûtèrent rien...

Si le propos est parfois intéressant, quoique lassant, il reste supportable car l'on attend Blazy, enfin. Depuis qu'on en parle !

Le tribunal se vidait peu à peu. Il se remplit à nouveau. On paierait pour y être.

Mais la déposition de l'ingénieur fuyard est décevante, même si elle éclaire certaines zones d'ombre, finit de compléter le déroulé de cette funeste journée. À part revenir sur la mauvaise réputation des accusés et accabler l'auditoire avec encore des chiffres et des justifications qui voudraient convaincre de l'exemplarité de la Compagnie, qu'est-ce qu'on apprend ?

Camille Blazy est dans la force de l'âge. Il a trente-six ans et semble doté de bonnes jambes pour courir. À l'en croire, il ne faisait jamais subir de réductions aux ouvriers, au contraire il accordait des indemnités quand le chantier devenait plus mauvais... D'accord, mais où était-il donc ce 26 janvier ?

Comme à son habitude, Blazy se rend vers 13 heures au bureau de Watrin. Il apprend alors que celui-ci se trouve *cerné* à la mairie. Blazy charge le garçon de bureau, Erra, de s'informer de la situation. Il envoie par ailleurs une dépêche au conseil d'administration. Puis il retourne à Bourran. En cas de besoin, on le trouvera dans son propre bureau. Watrin semble alors en sécurité. Tandis que Blazy traverse les forges, le comptable Boisset court à sa rencontre : des mineurs auraient l'intention de le conduire lui aussi à la mairie.

« On voulait me faire une conduite désagréable. Je dis donc à Boisset qu'au lieu d'aller à Bourran, j'allais m'arrêter aux mines de Fontvergnes, et je le chargeai de se rendre lui-même à Bourran et de faire toutes les recommandations utiles pour que le service fût assuré. »

Blazy reste à Fontvergnes jusqu'à 18 heures. Brachet, chef comptable, vient alors lui dire qu'il sort d'une auberge. Lescure était là avec Chauveau, adjoint au maire. Brachet a entendu Lescure dire : *« Il faut qu'avant 9 heures du soir, Blazy y passe. »* À cet instant, le meurtre est accompli mais, croyant que Blazy le sait déjà, Brachet n'en parle pas.

« Je rentrai alors chez moi. On vint m'avertir que je courais un danger et je partis pour la gare. En effet, des hommes vinrent, que ma femme ne reconnut pas. Je pris le train qui partait pour Figeac et depuis lors je n'ai plus entendu dire qu'on avait voulu me faire un mauvais parti. »

Et la question des salaires à nouveau se pose. Des maîtres mineurs, de Palayret et de Bourran, passent à la barre pour dire que les mineurs n'avaient pas subi de diminutions. Petitjean est rappelé et l'homme explique que les ouvriers touchaient des salaires corrects, ils ne pouvaient se plaindre.

« Mais, en perdant leur temps dans la mine, il était facile à ceux qui le voulaient bien de ne gagner qu'une faible journée, le travail était à la tâche. »

Ces paroles fâcheraient maître Laguerre, qui demande :

« Croyez-vous que les mineurs ont peu travaillé dans le dessein de se créer un prétexte d'entrer en grève ?

– C'est mon avis. »

Cette quatrième journée du procès est tout près de prendre un tour chaotique.

Le président Mattéï fait rappeler les délégués et c'est l'empoignade avec Petitjean, Blazy et les contremaîtres au sujet du système des contrats et de la fixation des prix. Sur quoi est convoqué un dernier témoin, Vital, ingénieur, qui disserte longuement sur le régime des mineurs de l'Aveyron qui sont bien traités puisqu'ils le sont aussi bien qu'ailleurs… Ce qui fera dire à *L'Aveyron républicain* : « *Vous verrez qu'il faudra canoniser les administrateurs de la Compagnie.* »

Le défilé des témoins est terminé. Suspendue à 16 h 30, la séance reprend à 17 heures. Maître Renault aiguise ses lames, laissant à son secrétaire, maître Aubin, le soin de faire l'éloge de Jules Watrin.

« Au moment où je me lève devant vous, messieurs les jurés, avec le magnifique honneur de vous tracer le portrait de monsieur Watrin, je me sens au-dessus de ma tâche et l'émotion s'empare de moi ! »

L'avocat revient sur la carrière de la victime, et sa bonne mentalité. Au moment de la crise de 1885, n'a-t-il pas écrit au conseil d'administration : *« En ce qui me concerne, permettez-moi de vous dire que je trouve le conseil très libéral à mon égard. En aurait-il fait moins, je lui serais toujours très reconnaissant. »*

« C'est ainsi que Jules Watrin accueillit une réduction de 2 000 francs sur sa gratification ! Est-ce là l'homme qui exploite de malheureux ouvriers ? »

Et comme il était bon avec les ouvriers, Watrin ! *« Travaille et sois sage »*, dit-il un jour à Lescure, en oubliant le passé. *« Je serai sage, je le jure »*, lui répondit l'ouvrier.

« Et quel démenti sanglant Lescure devait lui donner ! Jules Watrin disait : *"Soyez bon pour vos subordonnés, ne perdez jamais de vue les difficultés de leur existence !"* Mais Jules Watrin était un jésuite, il se promenait avec le curé et allait à la messe ! Il voulait montrer à l'ouvrier qu'on pouvait allier les devoirs de la religion et la religion du devoir ! Rendez-nous ce cadavre exploité, rendez-nous-le sans les souillures, sans la boue dont on l'a couvert ! »

L'avocat se rassied sous les applaudissements. La journée n'est pas finie. Il y aura une séance de nuit et le président prévient qu'il fera évacuer la salle à la moindre manifestation, dans un sens ou dans l'autre. Le public doit s'abstenir de tout ce qui est de nature à influencer le jury.

L'audience reprend à 20 heures. Le tribunal est rempli comme un œuf.

Maître Renault prend aussitôt la parole. Il est l'avocat de la partie civile mais il est aussi, on l'a compris très vite, au service de la Compagnie.

« Je ne veux pas me placer entre l'accusation et la défense. Mon client, c'est la mémoire d'un mort. C'est la mémoire d'un mort que j'ai à réhabiliter. »

Maître Renault relate le déclenchement de la grève, qui n'avait qu'un but : le meurtre de Watrin. Il affirme la culpabilité des uns et des autres. Il dénonce le vilain rôle de la presse. Et enfin il en vient au crime.

« Monsieur Watrin va se mettre sous la protection de ceux qui la lui devaient. Il comptait sans la défaillance qu'entraîne chez les hommes le désir malsain de la popularité. »

Malgré les menaces du président, le public s'agite. Oui, Cayrade et le commissaire étaient des otages. Les gendarmes ont été éconduits grossièrement. Tout indique que Cayrade n'avait qu'un seul souci : être applaudi par ces gens-là ! Et puis Cayrade qui envoie des dépêches rassurantes au préfet...

« Est-ce le hasard qui a voulu qu'Establié fût désigné par Cayrade au sous-préfet Simon pour aller chercher les gendarmes ? Establié qui oublia... »

Des murmures parcourent le tribunal.

« Chauveau emmène Lescure. Où ? Loin du plateau ? Non. Au café. Hideux mélange de sang, de bière et d'eau-de-vie... Et Cayrade, que fait-il ? Il demande à Watrin sa démission ! Lui, magistrat ! Lui, médecin ! Il descend, trouve le sous-préfet et oublie de dire que Watrin a le front ouvert... La démission est annoncée en ces termes : *"Mes enfants !"* À ces tigres, le maire dit : *"Mes enfants !"* »

Et Renault déroule. L'acte de la Compagnie est porté aux nues, le grief de l'ouvrier contesté. Il accuse encore Cayrade et va jusqu'à s'en prendre à l'autorité supérieure. Critiquant les mesures de prudence prises pour l'enterrement de Watrin, l'avocat semble regretter que le gouvernement n'ait pas déposé un projet de loi pour faire décréter des funérailles nationales.

« Je réclame une condamnation sévère du jury contre les prévenus, et de toute conscience humaine contre ceux qui sans être au banc des accusés porteront toujours la responsabilité du crime… »

Au lendemain de cette journée comme de chaque jour, on s'arrache les journaux.

Le plaidoyer de maître Renault fut d'une admirable éloquence, reconnu ainsi par *L'Aveyron républicain* :

> La Compagnie reste et restera en dépit des efforts de Renault seule responsable par ses rigueurs, son mépris des ouvriers, son égoïsme, seule responsable du grand mouvement de colère dans lequel a succombé Watrin.
>
> Les ouvriers qui ont pris part à la grève, les malheureux eux-mêmes qui ont frappé, paraîtront au contraire à tous les esprits droits et impartiaux dignes de la pitié que cette grande cause des mineurs inspire.
>
> Quant à Renault, il laissera à Rodez le souvenir d'un beau talent et d'une admirable éloquence. Son plaidoyer, au point de vue de l'art en soi, a été un véritable chef-d'œuvre.
>
> Il nous paraît cependant manquer à Maître Renault cette conviction, cette chaleur du cœur, nécessaire pour émouvoir ceux des autres. Dans cette affaire tragique entre toutes, Renault a visé à un effet d'émotion. Il n'a produit qu'un effet d'admiration. Son plaidoyer tient de cette beauté froide, rigide, que

Baudelaire peignait dans son vers fameux : « Je suis le mouvement qui déplace la ligne », mais c'est là la beauté poétique, non la beauté oratoire absolue. Renault ne sait pas pincer de la corde qui *déplace* les cœurs. Il sait plaire et convaincre ; il ne saurait toucher.

Chapitre XXXVII

À LAGUERRE

Audience du samedi 19 juin

Des têtes vont-elles tomber ? Le procureur général Baradat et les avocats de la défense – avocats et parfois députés, tous Républicains franchement à gauche – ont préparé qui son réquisitoire, qui sa plaidoirie avec le plus grand soin.

Baradat connaît le dossier mieux que quiconque, et pour cause.

L'affaire est en bonne part politique et c'est sans doute une chance pour les accusés. Il y a eu et il y aura encore comme des effets de diversion. Baradat sait ce danger, aussi il est pour lui nécessaire d'effacer d'emblée ce problème, en tout cas d'essayer, car la défense, elle, y reviendra sans cesse.

Baradat est dans son rôle, parfaitement magnifique.

« Messieurs les jurés, commence-t-il. Ce procès considérable touche à sa fin. Lorsque les faits se sont passés, ils ont produit dans le monde politique une émotion qui dure encore. Les journaux s'en sont emparés au point de vue de la question sociale. Les pouvoirs publics ont examiné les droits des patrons et les revendications des ouvriers. Les éminents contradicteurs que j'aperçois de l'autre côté de la barre ont pris eux-mêmes dans ces questions une large et brillante part. Je crois que cette période est close. Je crois que ceux qui immisceraient la politique dans ces débats ont une autre thèse à soutenir... »

Baradat entend se renfermer dans le rôle purement judiciaire. Il s'agit de laver la mémoire de Watrin. Watrin, le prototype de l'homme d'honneur. Watrin, qui a appris trop tard qu'il ne suffit pas de travailler à faire du bien pour se faire rendre justice...

« À ce moment-là, il y avait à Decazeville deux sortes d'ouvriers, l'une composée d'ouvriers laborieux, intelligents, certes mécontents de leur salaire mais qui suivaient les voies légales, la seconde composée d'ouvriers sans travail, qui cherchaient à fomenter la grève... Les gens que j'ai devant moi ne sont pas des grévistes, ce sont des malfaiteurs ! »

Et Baradat de revenir sur chaque scène. Le matin dans les mines et les forges. Le midi dans le bureau de la victime. Puis à la mairie et enfin sur le plateau.

« Je n'ai pas à examiner les responsabilités morales. Cependant, permettez-moi d'adresser des éloges à messieurs Laur, Simon, Peyrot et Cantaloube, enfin à tous ceux qui ont fait leur devoir. La conduite de monsieur Cayrade est plus discutable. Je la regrette, mais je ne la blâme pas. Je la regrette parce que je crois que l'intervention des gendarmes eût pu être utile. Je ne la blâme pas parce que le maire, comptant sur sa popularité, a espéré arrêter seul le mouvement, parce qu'il a pu croire que, pour être efficace, la force publique devait être considérable. »

L'affaire ne peut être politique. Donc le meurtre, rien que le meurtre. Mais, n'est-ce pas plutôt un assassinat ? La mort de Watrin, depuis longtemps, était décidée. Chapsal n'annonce-t-il pas à sa femme, le midi, que Watrin va mourir ? Et les cris de la foule sur le parcours vers le plateau, et les armes des assassins, et les échelles dressées à deux reprises, tout cela n'indique-t-il pas qu'il y a eu préméditation ?

« Je fais toutes les concessions à la défense. Tout était imprévu dans cette journée, oui, hormis le dessein d'homicide… »

Alors maintenant les coupables et leurs complices. Baradat fait la distinction et concentre son réquisitoire sur Lescure. La population tout entière de Decazeville disait : « *Watrin saignait comme un bœuf, et c'est Lescure qui l'a tué…* » Puis Baradat passe à Souquières, Chapsal et Granier, dont les noms furent révélés par Caussanel. Il fait ressortir les contradictions des accusés avec les dépositions des témoins.

« Vous voyez donc que les accusés ne triomphent pas aisément des accusations de Caussanel qu'ils taxent de mensongères. Quel intérêt pourrait avoir Caussanel à déguiser la vérité, puisque ces dénonciations ne le déchargent pas lui-même. »

La voix de Baradat résonne dans le tribunal depuis bientôt deux heures. Après une brève interruption d'audience, il poursuit par les complicités.

Blanc, Caussanel, Bedel, Puech, Cayla, Phalip. Baradat démonte les témoignages en leur faveur. Ce groupe, toujours le même, qui rôde autour des exploitations, qui escalade les fenêtres, agit sur toutes les scènes. On pourrait tout aussi bien les considérer comme coauteurs.

Blanc ? Sa culpabilité ne fait aucun doute. Baradat rappelle sa moralité et défait son système de dénégations. Caussanel ? On voudra sûrement établir son imbécillité, son insanité. Bedel ? C'est lui que l'on voit dès le premier moment de la grève à la tête des émeutiers. Baradat répète les témoignages accablants. Puech ? L'an dernier, il est passé devant la cour d'assises sous l'inculpation de viol d'un enfant de sept ans... Baradat ne fait que signaler le fait. Les jurés apprécieront... Et quant aux femmes ? Des furies. De véritables mégères...

Baradat termine enfin son réquisitoire :

« Que résulte-t-il de tout cela ? La preuve de l'exécution d'un complot, soumis certes à l'opportunité des circonstances, mais ayant pour but unique la mort de Jules Watrin, lequel représentait non un homme mais le maître, le principe d'autorité. Les accusés ont accompli le crime avec un raffinement de cruauté abominable, savourant les souffrances de leur victime… Je laisse à votre conscience le soin d'infliger un châtiment exemplaire. »

Levée à midi, l'audience reprend à 14 heures. Les avocats et les journalistes ont de la peine à regagner leur place. Le public est tassé comme harengs saurs dans un baril.

Le procès se poursuit à la manière d'un concours d'éloquence. Chaque avocat tient son rôle à merveille, dans la défense de son client mais aussi dans l'évocation de l'événement. Les défenseurs sont engagés, convaincus, brillants.

À Laguerre de monter en premier au créneau. Quand il parle, nous le savons depuis le procès du journaliste Duc-Quercy, il a l'habitude de peser toutes ses paroles. Laguerre est inspiré, d'autant que le député républicain a une revanche à prendre. Laguerre se révèle un conteur.

« Messieurs de la cour, messieurs les jurés… Je voudrais que vous vous transportiez avec moi, par la pensée, à Decazeville, dans la soirée du 26 janvier. La nuit est tombée, les rues, les cafés, les maisons ont une sorte d'animation joyeuse. Et cependant une scène tragique vient de dérouler ses péripéties sanglantes sous les yeux de toute la population : la foule a fait un cadavre. Et au lieu de baisser la tête, cette foule se dresse, et dans les auberges des hommes se vantent des avanies faites, des coups portés, de la besogne sanglante accomplie ! Où sommes-nous ? Nous sommes au milieu d'une population de sages et énergiques travailleurs, dans un pays qui dans toutes les époques de notre histoire a versé son sang pour la défense du sol et de la liberté, au milieu d'honnêtes, de fiers et énergiques cœurs. »

Très vite, Laguerre atteint son rythme. Bientôt, il s'indigne. Contre toute attente, il attaque maître Renault. La Compagnie a éprouvé le besoin d'avoir un avocat...

« En d'autres temps, on n'en avait pas besoin pour justifier ces puissances du capital. Une magistrature docile et complaisante ne savait leur refuser aucun service. »

La Compagnie a besoin de se laver devant l'opinion publique. Elle se sent donc bien coupable.

Quel était le motif de l'exaspération ? Ce n'était pas le socialisme, inconnu à Decazeville, mais la Compagnie et sa manière d'exploiter les ouvriers. Des ouvriers traités pire que des esclaves.

« Les esclaves sont les bêtes de somme du maître, qui a intérêt à les ménager, tandis que les ouvriers de la Compagnie n'ont plus les avantages des anciens esclaves, ils n'en ont que les chaînes. »

Les haines se sont accumulées sur Watrin. La population souffrait.

« Sur lui s'est tourné le cours des injustices et des iniquités dont se plaignaient les ouvriers, tous les ouvriers, chez qui la misère s'était assise depuis de longs mois ! »

Laguerre est dans un grand jour, et le voilà à défendre Cayrade, et à attaquer les ingénieurs qui se sont esquivés par une soupente. En outre, aucun employé de la Compagnie ne s'est montré...

« Maître Renault a essayé de transformer Jules Cayrade en accusé. Il a essayé de salir cet homme qui a exposé sa vie ! Ce n'est pas un ami politique que je venge de ses attaques. Quand Jules Cayrade était député, c'était maître Renault qui siégeait à côté de lui et non pas moi. Mais il faut bien déclarer hautement que le maire de 1886 n'a pas démérité du maire de 1878, de celui qui sauva alors Petitjean... »

Les jurés sont comme étourdis à ce long préambule. C'est sans doute là le but recherché. Laguerre peut maintenant en venir à Bedel, son client. Comment connaître les meurtriers dans cette cohue furieuse de travailleurs noircie par le charbon, au milieu de ce va-et-vient d'hommes, de femmes et d'enfants qui crient et menacent ?

« Comment l'accusation peut-elle parler de préméditation ? Les troubles traînent tout un jour et la scène sanglante éclate, inattendue, et rapide. Pouvait-on soupçonner un tel dénouement ? Les jurés ont dû déjà se dire : non ! »

Alors Bedel. Certes, l'homme est remuant. Mais de là à devenir un assassin, il y a loin. Bedel est resté sur le plateau. Nul n'a pu affirmer qu'il avait franchi le seuil de la maison. Le sous-préfet Simon lui-même, qui pourtant a tout vu, ne l'a point vu…

Laguerre est implacable, et il conclut sa plaidoirie d'une façon qui est bien dans l'esprit de son personnage :

« La partie civile a agité le cadavre de Watrin. Eh bien ! comptons nos morts à nous, les victimes des batailles sociales ! Pensons aux capitaines mais pensons aussi, et j'ajouterai surtout, aux soldats… Il est temps que vienne un verdict de justice sociale, sinon cette germination d'hommes surgissant des entrailles de la terre fera éclater le monde… »

Qui dans le tribunal relève alors l'allusion au roman de Zola qui se termine ainsi : « *Des hommes poussaient, une armée noire, vengeresse, qui germait lentement dans les sillons, grandissant pour les récoltes du siècle futur, et dont la germination allait faire bientôt éclater la terre* » ?

« Maître Renault s'est ri des utopies des mineurs. Il a eu tort : car ce seront des vérités demain. Les mines sont une propriété nationale. Une réforme est à opérer, elle se fera. Ainsi chacun aura fait nettement et simplement son devoir. Messieurs les jurés, vous ferez le vôtre en écoutant votre généreuse conscience. Vous ferez acte d'apaisement et de justice. »

Chapitre XXXVIII

REPRENDS TON TRAVAIL, SOIS SAGE

Audience du samedi 19 juin

La journée est bien loin d'être finie. Mais honneur, maintenant et jusqu'au bout, à la défense. Ces plaidoiries seront ce qui restera de plus frais à l'esprit de chacun, et c'est un sérieux avantage pour les accusés. Le talent des défenseurs n'en est que plus précieux. En aurait-il été de même avec des avocats moins prestigieux ?

Les jurés savent leur devoir mais aussi, sûrement, la chance de côtoyer de si grands esprits. Laguerre a montré la voie. À maître Gaillard d'enchaîner. C'est une défense sur la corde sensible. Il s'agit de Lescure, qui a porté le premier coup.

« Je veux tâcher de relever l'homme... Tout jeune, Lescure perd ses père et mère, et le voilà sevré du seul privilège des pauvres, les caresses des parents... Comme le travail des forges est rude et desséchant, il boit et quelquefois se grise. C'est là son seul tort, c'est le vin... Lescure n'est pas et ne sera jamais un voleur. Il n'a jamais été maraudeur... Alors, certes, il porte à Jules Watrin un coup d'embarre... »

Maître Gaillard l'affirme : il n'y a pas eu préméditation. Si la question est cruciale, c'est que la préméditation est comme le fil de la lame sur la nuque de son client.

La foule ne voulait-elle pas *d'abord* la démission de Watrin ? N'était-il pas surtout question de lui faire accepter certaines revendications ? Lescure voulait-il tuer Watrin ? Non. La preuve : il est parti avec l'adjoint Chauveau au Café des Mines et n'en est pas revenu. Lescure a frappé pour blesser et non pour tuer. Sinon il n'aurait pas porté qu'un coup, il se serait acharné. Un coup d'embarre dont les médecins ont affirmé qu'il ne pouvait à lui seul avoir causé la mort. Que s'est-il passé, à la vérité ? Lescure a été un instrument. On l'a grisé. On a armé son bras. Il n'a jamais été conscient de ce qu'il faisait.

Un bref instant, maître Gaillard se tait, son regard glisse lentement sur les jurés, comme s'il voulait s'assurer de leur compréhension. Puis il reprend, sur un ton presque de confidence :

« Ici, je suis obligé de vous faire une révélation. Je sais le nom de la personne qui a armé son bras ! Je le sais, je le jure. Et je n'ai pas eu le temps de le communiquer à mon client, qui certes m'aurait donné l'ordre de ne pas le révéler, car c'est celui d'une femme… »

Lescure a été convaincu de mensonges et de contradictions sur des détails sans importance. Mais le fait matériel d'homicide, selon maître Gaillard, doit être écarté. Dans ce sens, il déposera des conclusions de coups et blessures volontaires, sans intention de donner la mort. Et il s'enflamme :

« Pourquoi ce meurtre ? Parce que nous avons affaire, non pas à un homme, mais à cet être multiple, la foule, qui souvent est douce comme un enfant, mais qui, d'autres fois, est sinistre… Le seul cuisant regret, c'est qu'un homme ne se soit pas trouvé là pour dire à cette foule les mots qui l'arrêtent. Comme l'abbé Maury qui, à ceux qui lui criaient : *"À la lanterne !"*, leur dit : *"En verrez-vous plus clair ?"* »

Citer un ecclésiastique, si peu révolutionnaire fût-il, et justement, dans une région foncièrement cléricale, n'est pas innocent.

Et maître Gaillard de jouer à nouveau sur la corde sensible, la famille de l'accusé, ses enfants.

« Vous ne voudrez pas, messieurs les jurés, faire des révoltés en envoyant leur père au bagne. Je vous adjure d'avoir pitié. »

Et c'est maintenant à maître Maillard. Lui aussi a une revanche à prendre. Le député de la Seine se souvient du procès de Villefranche, du délégué

Soubrié, condamné à quatre mois de prison pour un néologisme. Mais l'illustre avocat, qui défendit des communards, doit là défendre un ivrogne : Blanc.

Aussi est-ce pour cela, sans doute, que maître Maillard donne aussitôt à sa plaidoirie un tour insolite. Un bon avocat est également homme de spectacle.

Maître Maillard écarte vivement la préméditation, par le fait que Freycinet, au cours d'une interpellation à la Chambre, aurait qualifié la mort de Watrin d'événement subit. Et s'il l'a qualifiée ainsi, n'est-ce pas sur la base d'un rapport que le procureur de la République, Baradat, aurait adressé au garde des Sceaux ?

« Qui a fourni au ministre ces renseignements ? Sans aucun doute le préfet les a adressés au ministre de l'Intérieur, et le procureur général au ministre de la Justice. Donc l'administration et le parquet étaient à ce moment convaincus que le meurtre de Watrin était dû à un moment d'affolement. »

La réaction de Baradat ne se fait pas attendre. Il riposte :

« Je n'ai fourni aucun renseignement au ministre !

– Comment admettre alors que le ministre se soit permis de fournir des renseignements qu'il n'aurait pas reçus ?

– Je ne vous permets pas de dire que j'ai envoyé ces renseignements. »

Maître Maillard se tourne alors vers le président Mattéï :

« Monsieur le président, je vous prie d'assurer la liberté de la défense et prier monsieur le procureur général de ne plus m'interrompre. »

Dans le tribunal, des sourires et des gloussements. Les journalistes jubilent. En quelques phrases, Maillard réduit ensuite à néant les charges qui pèsent sur Blanc, et conclut :

« La grève est finie, grâce au concours efficace, reconnu par tout le monde, de mon collègue Émile Basly. Le moment est venu de faire oublier la journée du 26 janvier. Je vous le demande, messieurs les jurés, et j'espère que vous ne resterez pas sourds à ma voix, et que vous rendrez mon client à la liberté. »

Maître Maillard se rassoit. Quelques secondes se sont à peine écoulées que, comme il l'a promis, maître Gaillard dépose alors sur le bureau de la cour ses conclusions : Lescure ne peut être coupable que de coups et blessures, aucunement de meurtre. Et c'est une nouvelle passe d'armes. Le spectacle n'est pas fini. Le procureur Baradat bondit :

« Si nous vous entendons bien, il faudra en plein XIXe siècle déclarer qu'un crime commis par une seule personne est un assassinat, par deux un meurtre, par dix de simples coups et blessures, par cent, rien du tout !

– Le procureur a beaucoup d'esprit, rétorque maître Gaillard. Je suis même tenté de croire qu'il a trop d'esprit. J'aimerais mieux trouver en lui plus de logique. Je trouve la distinction de monsieur le procureur général subtile et trop humoristique. »

L'audience, suspendue pour le repas du soir, reprend à 20 heures. Lampes et chandeliers ont été disposés un peu partout. Les bougies se rejettent de vagues ombres dans tout le tribunal.

Défendre Caussanel, l'affreux gavroche, est chose délicate. Maître Puech commence par une manière de flatterie :

« C'est la première fois que je me trouve en présence de jurés qui sont mes compatriotes. J'ai tout lieu d'espérer qu'ils nous rendront justice… »

Nous ne savons si le jury est sensible mais Puech joue ensuite, confiant, sa partition.

La nature de Caussanel aurait dû le protéger contre l'action du ministère public. Caussanel a tenu des propos compromettants, se serait distingué par sa férocité ? Soit. Mais des témoins nombreux affirment qu'il était alors pris de vin. N'ont-ils pas déclaré aussi qu'ils le considéraient comme un être fantasque, excentrique, naïf ? Caussanel est un garçon chétif et débile dont les idées présentent la plus grande confusion. Son corps n'a pas même pris la moitié de son développement normal.

C'est là, dirait-on, être habillé pour l'hiver, mais si à l'issue du procès la peine est clémente ! Au banc des accusés, d'ailleurs, Caussanel écoute sagement. Son avocat poursuit :

« Comment l'accusation a-t-elle pu dire que le crime avait été prémédité par mon client, qui n'a rejoint la foule que deux heures après le commencement du drame ? Dans leur désir ardent de répression, les magistrats accusateurs mettent sur le même pied celui qui commet le crime et celui qui ne le commet pas ! »

Caussanel n'a pas d'antécédents judiciaires. Personne ne peut dire qu'il l'a vu frapper réellement Watrin. Ce n'est pas un coup de poing porté par Caussanel qui aurait pu donner la mort. Cet enfant malingre n'aurait pu non plus dresser seul l'échelle contre le mur. Maître Puech termine :

« Caussanel est de ceux pour qui l'existence n'a jamais eu un sourire. Il en est qui grandissent avec un père qui les aime, une mère qui les comble de soins et de caresses. Il n'a eu, lui, que les coups, les brutalités, la misère. Les témoins ont déclaré qu'il était obligé de passer des semaines entières dehors, couchant à la belle étoile, se nourrissant de pain dur. Des voisins lui donnaient du bouillon pour le soutenir. Ah ! messieurs les jurés, vous qui avez des enfants gais et souriants, ces enfants que vous adorez, auxquels vous ne pensez qu'avec une attendrissante émotion, pitié pour cet infortuné, ce malheureux qui n'a jamais ouvert hélas ! le livre de la vie que pour trouver des pages douloureuses. Vous acquitterez Caussanel. »

Il est alors 21 h 10. Et c'est à maître Menuelle, jeune avocat, de défendre la furie Pendariès. Cette femme, dont la nature fut douce, dont les sentiments furent généreux, faisait partie d'une famille honorable – le père a servi dix-sept ans en Afrique...

« Je conjure les jurés de tendre à ma cliente une main secourable. Cinq mois de prison préventive devraient être comme une garantie suffisante de bonne conduite pour l'avenir. »

La misère est la cause du drame, cette lamentable misère où est tombée cette famille. Le père, usé de fatigue, a dû cesser tout travail, et elle s'est prostituée pour apaiser la faim...

« Marie Cayla a payé de sa honte la nourriture de ses petits... Elle a dû bien souffrir ! Vous l'avez vue hier. Pendant une suspension d'audience, sa petite fille âgée de quatre ans, qui lui tendait les bras. Enchaînée, sa mère ne pouvait tendre les siens. Un sanglot a étreint sa gorge, et c'est en pleurant à chaudes larmes qu'elle est rentrée ici. Marie Cayla m'a prié de demander à monsieur le procureur général qu'on voulût bien l'autoriser à déjeuner avec sa petite fille. Le procureur général, pour des raisons que je n'ai point à examiner ici, n'a pas cru devoir donner la fille à la mère... C'est vous, messieurs les jurés, qui, demain, rendrez la mère à l'enfant. »

Marie Cayla a pu crier comme tous les autres : *« Au bassin ! Au bassin ! »,* mais il n'a pu être prouvé qu'elle se trouvait dans la pièce du crime.

« Face aux incertitudes, ces invraisemblances, vous devez vous laisser guider par votre conscience. La conscience qui recule devant le doute, parce que le doute équivaut à la conviction de l'innocence ! À toutes les questions concernant Marie Cayla, vous répondrez : non ! À vous, messieurs les jurés, de proclamer tout haut ce que depuis quatre jours nous disons ici tout bas : cette femme n'est point coupable et doit être acquittée ! »

Le final de cette fort longue journée de plaidoiries est grandiose. À maître Peyron, semblerait-il, de frapper les esprits avant la nuit, de revenir à la racine du mal.

Peyron ne s'attarde pas sur le cas de son client. Il n'y a pas lieu. Puech s'est fait remarquer dans quelques rixes ? Péché véniel ! Ce 26 janvier, il était au plateau, c'est incontestable. Le maire l'a rencontré, le commissaire l'a vu grimper au bec de gaz, mais cela n'implique pas sa participation à la scène finale. Puech est innocent et il n'y a que des considérations favorables à son acquittement.

« La cause du meurtre, messieurs les jurés, est l'immense misère qui étreint le bassin houiller. »

La mort de Jules Watrin est une triste tache pour le pays et une population honnête qui a la volonté de se remettre au travail. La grève est terminée grâce à Basly, Petitjean et Carrié, qui malheureusement a été renvoyé par la Compagnie…

« C'est le moment de ne reculer devant aucune mesure de pacification. Nous ne demandons pas la mine aux mineurs, nous demandons la justice et la bienveillance du patron à l'égard de l'ouvrier. Nous demandons qu'on ne traite pas le capital humain comme on traite les machines. »

La plaidoirie a pris très vite une dimension politique que l'on croyait ne plus connaître.

Maître Peyron revient sur la société coopérative. Personne ne reconnaîtra à la Compagnie le droit d'occuper toutes les branches du commerce, et de ruiner la nation avec l'argent national ! La Compagnie qui possède cent millions de tonnes de houille et de fer, et qui les tient de l'État, n'a pas le droit de ruiner une ville, une contrée…

« Est-il étonnant que les ouvriers dont la vie s'écoule dans de perpétuelles privations se redressent un jour contre ceux qui les exposent à toutes les souffrances ? Lescure n'est pas un assassin. Puech non plus. Watrin lui-même pardonnerait, en disant : *"Reprends ton travail, sois sage…"* »

Maître Peyron se rassoit dans un silence vibrant. La cour examine les conclusions de maître Gaillard et en prononce le rejet. La séance est levée à 22 h 15.

Chapitre XXXIX

LE BOUQUET FINAL

Audience du dimanche 20 juin

La dernière audience est savoureuse. Quatre accusés à défendre encore, et trois avocats au meilleur d'eux-mêmes. Les ultimes plaidoiries sont un véritable feu d'artifice.

Maître Bouchez, jeune avocat du barreau de Paris, brosse un portrait émouvant de son client. Chapsal qui perd sa mère à six ans. Le père qui se remarie. L'union stérile et Chapsal qui se retrouve en butte aux mauvais traitements de la marâtre, *qui n'a point connu les joies de la maternité*. À quatorze ans, l'apprentissage. À vingt, le régiment. Et Chapsal qui endure la campagne de 1870, puis la captivité sur le sol allemand. Ensuite, il se marie à la fille d'un ancien officier *qui n'avait pas craint de se mésallier en épousant cet honnête et laborieux ouvrier...*

Chapsal est au banc des accusés sur les affirmations de Caussanel, dont on sait le déséquilibre mental. Maître Bouchez tonne :

« L'accusation est bien malade. Chapsal n'a pas paru sur le plateau. Il n'y a pas laissé son chapeau. C'est sur les dires d'une fillette très impressionnable et d'une veuve nourrie de romans-feuilletons qu'on arrête Chapsal. Ah ! ce sont bien ces langues dont on dit que l'enfer est pavé ! »

Un verdict d'acquittement va de soi, un verdict d'apaisement.

Maître Crémieux, lui, s'en prend aussitôt à maître Renault :

« L'avocat de la partie civile a osé nous accuser de venir prendre part à la lutte pour les petits contre les grands, pour les faibles contre les forts, pour les parias contre les maîtres du jour, pour ceux qui souffrent et peinent contre ceux qui jouissent dans l'oisiveté. C'est que nous avons obéi au plus saint des mobiles, au sentiment de la solidarité humaine, la religion de l'avenir, et qu'en venant au milieu de ces misérables porter des paroles de paix et d'encouragement, nous avons fait notre devoir et rien que notre devoir. »

Quant aux faits... La foule a vu rouge. Elle a assiégé la maison où s'était réfugié Watrin et s'est livrée à des violences regrettables.

« Mais ne pouvant arrêter cette foule, la justice a lancé son filet çà et là au hasard, puis a jeté le menu fretin, ne gardant de sa capture que ce qui lui a paru succulent ! »

Granier n'a été arrêté que quinze jours après le drame, dénoncé par Caussanel. Cette dénonciation a eu lieu dans la prison de Villefranche, elle a été arrachée à Caussanel par un détenu aux allures louches, un *mouton*...

« Caussanel est devenu le délateur fantaisiste dont l'accusation fait un si bel emploi ! »

Caussanel a démenti plus tard. On a procédé à l'arrestation de Granier avec le doute le plus grand. D'ailleurs, on a d'abord arrêté son frère qui répondait mieux au signalement. Les témoins qui prétendent l'avoir vu n'en sont pas bien sûrs. D'autres témoins ont même démontré son alibi. La vérité, c'est que Granier se trouvait à l'auberge Comby peu avant le meurtre, puis il s'est dirigé vers l'igue de Cantagrel, à l'opposé du plateau. Et Granier, qui n'était pas en grève, qui n'a jamais manifesté de haine pour Watrin, se serait subitement retourné pour courir au plateau, escalader l'échelle, se précipiter sur Watrin et le jeter par la fenêtre ?

« Allons donc, c'est une fantaisie étayée sur une calomnie ! C'est une invention et je n'aurais pas assez d'indignation dans mon cœur pour la jeter à la face de celui qui l'a commise, si ce n'était pas un cerveau halluciné ! »

Maître Crémieux ne demande pas aux jurés leur indulgence, car Granier n'est pas coupable.

« Je sais que parmi vous il se trouvera suffisamment d'hommes portant haut le cœur, à l'âme droite, à la conscience pure pour résister à toutes les influences du dehors... Sur cette terre du Rouergue, que des générations de héros ont arrosée de leur sang, les juges ne sont point des bourreaux. Renvoyez cet homme à son foyer. Vous n'accomplirez pas seulement un acte d'humanité, vous rendrez aussi hommage au droit et à la justice. »

Dans ce feu d'artifice, maître Millerand est le bouquet final. Millerand est de ces graines qui font les hommes illustres. Peut-il alors l'imaginer ?

Un mauvais esprit dirait que Millerand a commencé dans la fange…

Car il est à tout le moins ingrat d'avoir, avec tant de talent, à défendre la pauvre Eulalie Phalip. Eulalie Phalip qui est accusée par un témoin seulement, le sous-préfet Simon. Elle aurait arraché les cheveux et la barbe à Watrin. Cayrade a contredit ce témoignage. Lui, au plus près de l'action, n'a pas reconnu la fille Phalip.

On l'a dit paresseuse et légère mais c'est une bonne fille. Il lui est arrivé de travailler au criblage du charbon jusqu'à vingt-neuf jours par mois. Et maître Millerand de brandir soixante et onze certificats en sa faveur, de quatorze conseillers municipaux et cinquante-sept voisins…

« Vous condamneriez à mort, même aux travaux forcés à perpétuité, une fille de vingt ans parce qu'après son travail, sous l'excitation sans doute des mégères, qui ne sont pas sur ces bancs, elle a touché à la victime ? Ce serait plus que la peine du talion : ce serait de la férocité. Eulalie Phalip n'est pas coupable. Vous la rendrez à son vieux père. Si elle a eu le tort de se mêler à la foule, elle en est amèrement punie par sa comparution sur ces bancs, par les angoisses qu'elle vient de traverser... Vous ferez justice : vous l'acquitterez. »

Le dernier gros morceau est Souquières. Les contradictions sont nombreuses entre les témoins. Le sergent de police Cantaloube l'a vu dans la foule et a affirmé qu'il n'avait pas essayé d'entrer dans la maison. Dans la confrontation entre Souquières et Caussanel, ce dernier a été convaincu de mensonge.

« Trois hommes ont jeté Watrin par la fenêtre, nous dit Caussanel. C'est un groupe de sept à huit personnes, nous dit le sous-préfet Simon... En est-il un parmi vous, messieurs les jurés, qui sur le témoignage de ce pauvre garçon voudrait faire tomber une tête ? »

Seul le sous-préfet Simon voit Souquières arracher la barre de fenêtre et frapper Watrin. Mais comment a-t-il pu le reconnaître, lui qui était dans l'Aveyron depuis seulement quelques jours, et venait à Decazeville pour la première fois ?

« Il ne l'a jamais vu. Et le voici dans la pièce du drame, et il lui suffira d'un clin d'œil pour graver les traits de Souquières dans sa mémoire ! »

Maître Millerand se tourne soudain vers les accusés, et tous les regards avec lui. Il ajoute un geste ample du bras.

« Or, remarquez combien les types, la construction des figures, la physionomie, la coupe de la barbe se ressemblent chez les mineurs ! »

Du reste, il faisait nuit et la pièce n'était éclairée que par un feu de houille peu ardent… Le sous-préfet Simon, encore lui, a vu le corps de Watrin au bas de la fenêtre, couché sur le ventre, les bras étendus, alors que tous les autres disent qu'il était couché sur le dos. Dans ces conditions, il est plus que permis d'avoir des doutes, mais il y a plus :

« L'adjoint Bos a déclaré avoir dit, en bas, quand la foule forçait l'entrée : *"Vous m'écrasez, j'ai les reins brisés. Ma foi, je m'en vais…"* puis être monté aussitôt après. Au moment où il mettait les pieds dans la pièce, Watrin était précipité par la fenêtre. Eh bien ! Souquières, à l'instruction, a rapporté ce propos et il a ajouté qu'il était monté derrière Bos. Donc, il n'est pas de ceux qui ont jeté Watrin ! »

Dernier à s'exprimer, maître Millerand ne peut terminer sur son client, il doit élargir sa plaidoirie, et il le fait de façon magnifique :

« Messieurs les jurés, on vous demande plusieurs têtes. On vous demande de plonger plusieurs familles dans le déshonneur. Watrin a été la victime de la Compagnie, car il a payé pour elle et supporté le poids des iniquités et des injustices… Vous savez quelle misère noire règne à Decazeville. Vous avez le devoir de ramener dans cette région troublée la tranquillité et la sécurité. Vous devez pacifier les esprits et apaiser les cœurs. À ce lugubre procès où tant de sang et de misère ont été remués, à ces tristes débats où l'on a osé vous demander de rendre une sentence de colère et de vengeance, vous allez donner, messieurs, la haute et sereine conclusion qui s'impose à vos cœurs et à votre raison. Dans une telle affaire, le verdict juste et sage, c'est un verdict d'acquittement. C'est celui que vous allez rapporter de la salle de vos délibérations. »

TÉLÉGRAMMES

PETITJEAN À RAOUL DUVAL
DE RODEZ 20/6
PRÉMÉDITATION ÉCARTÉE POUR TOUS. CIRCONSTANCES ATTÉNUANTES ADMISES POUR TOUS.

LESCURE EST CONDAMNÉ À 7 ANS DE RÉCLUSION BEDEL À 8 ANS DE TRAVAUX FORCÉS BLANC À 6 ANS DE PRISON ET CAUSSANEL À 5 ANS DE RÉCLUSION

PETITJEAN À RAOUL DUVAL
DE RODEZ 20/6
GRANIER SOUQUIÈRES CHAPSAL FEMMES PHALIP ET PENDARIÈS ET PUECH SONT ACQUITTÉS

*

LES DÉLÉGUÉS MINEURS À JULES CAYRADE
DE RODEZ 21/6
LES DÉLÉGUÉS DES OUVRIERS MINEURS DE DECAZEVILLE AYANT ASSISTÉ AUX AUDIENCES DE LA COUR D'ASSISES DE L'AVEYRON FÉLICITENT LE CITOYEN CAYRADE, MAIRE DE DECAZEVILLE, POUR SON ATTITUDE ÉNERGIQUE ET DIGNE DANS LA JOURNÉE DU 26 JANVIER DERNIER ET DANS LES DÉBATS DU PROCÈS QUI VIENT DE SE TERMINER. CARRIÉ

Chapitre XL

GLOIRE À JULES CAYRADE

Résonnent encore les sanglots des femmes et des enfants, qui redoublèrent à l'apparition des jurés. Et le président Mattéï de s'écrier : « Ces pleurs et ces cris nous gênent ! » Il était autour de midi. Le président du jury donna alors lecture de la délibération.

Le tribunal, maintenant, se vide. Le public se mélange à la foule énorme qui attendait à l'extérieur. Jules Cayrade sort en compagnie d'Alexandre Bos, son fidèle adjoint, qui dit :

« Ils étaient déjà au bagne…

– La peine est lourde, mais ils gardent leur tête sur les épaules. »

Les acquittés furent aussitôt relaxés, à l'exception de Souquières, retenu en détention car il aura à comparaître devant le tribunal de Villefranche pour avoir fait arrêter le travail à Bourran dans la matinée du 26 janvier.

Au nom de tous les défenseurs, maître Laguerre supplia la cour de réduire la peine. Bedel, Blanc,

Lescure et Caussanel furent ensuite introduits. À l'énoncé de la sentence, les trois premiers gardèrent le silence. Caussanel, lui, clama encore son innocence, et quand le président les avertit qu'ils avaient trois jours pour se pourvoir en cassation, il hurla :

« Tout de suite ! Tout de suite, je me pourvois ! »

Et bientôt l'omnibus de venir prendre les condamnés dans la cour du tribunal, les gendarmes de les arracher à leurs femmes et leurs enfants qui les embrassaient avec des plaintes déchirantes. Ils furent enfournés dans le fourgon et Caussanel cria :

« Vive la République sociale ! »

Cayrade et Bos sont un peu bousculés, alors que la foule est dispersée manu militari, et peut-être qu'au passage Albert Goullé leur lance :

« Tout ce procès est infâme ! C'est l'acquittement général qu'il aurait fallu, pour que les despotes sachent que la fin de leur domination approche ! »

Le journaliste du *Cri du peuple* n'attend pas de réponse et s'éloigne dare-dare.

Les journées qui suivent ne sont pas de tout repos pour un Jules Cayrade déjà fort éprouvé. Peut-être prend-il malgré tout le temps de lire une certaine presse réactionnaire qui dit de lui qu'il est le prototype de l'homme politique qui, en face de l'émeute, n'a songé qu'à sauver sa popularité… Il peut se faire du mauvais sang à cause de cela, mais aussi parce que la Compagnie continue à ignorer quatre cents ouvriers toujours sans travail, malgré la fin de la grève, et surtout parce que Blazy, l'ingénieur fuyard, a repris son service à Bourran. Si ce n'est pas jouer avec le feu ? Si ce n'est pas se foutre du monde ?

Jules Cayrade est épuisé. Et voilà que, le procès à peine terminé, se déclenche un terrible incendie au quartier de Poux, dans la maison de la veuve Cibers, marchande de bois. Le feu part du magasin, en bas. Cinq personnes se retrouvent sous les décombres. Un dragon était fiancé avec la jeune Cibers. Il accourut. Ne sachant que le magasin était une seule grande pièce s'élevant à la fois sur le rez-de-chaussée et le premier étage, le militaire dressa une échelle contre la façade, enjamba la fenêtre et, plutôt que de poser les pieds sur un plancher, bascula directement dans le brasier. L'homme était très amoureux. On retrouva un bras de la jeune femme. On le reconnut grâce à son bracelet.

C'était en juin, et en juillet, bien que le gros des troupes se soit enfin retiré, les choses ne s'arrangent pas. Une nuit, un ouvrier, Armand Corbières, est tué d'un coup de revolver par un certain Besse, ancien brigadier, alors garde de la Compagnie. Devenu indigent après avoir été chassé de la mine, Corbières ne faisait que ramasser des morceaux de charbon à Lavaysse. Et puis, quelques jours plus tard, un affreux accident se produit au puits Sainte-Barbe, à Firmy. Firmin Delsol et Casimir Delmas sont occupés dans une galerie enflammée quand, soudain, elle s'affaisse sous l'action du feu. Delsol, retiré de l'éboulement incandescent, succombe presque aussitôt à ses blessures. Delmas est transporté à l'hospice mais il meurt à son tour.

La Compagnie est fautive dans un cas comme dans l'autre. L'indignation est grande. Cayrade se morfond. Les mineurs ont juré d'être *sages* afin d'enlever à la Compagnie tout prétexte de s'arrêter dans la voie de conciliation et d'apaisement où elle est entrée. Mais jusqu'à quand ? Comment l'indignation ne pourrait-elle grandir quand, en outre, la Compagnie occupe, entre le puits Léon-Say et la côte de Bourran, six soldats à décharger des voitures de remblai, un officier faisant office de charretier ?

À côté de tout cela, la libération de Soubrié est maigre consolation. Il a terminé ses quatre mois de prison. On ira le recevoir à la gare de Viviez.

La journée du 18 juillet est cependant un très beau jour. Personne n'imaginerait qu'elle puisse mal se finir. La chambre syndicale des mineurs de l'Aveyron veut fêter dignement la fin de la grève, cette campagne de 108 jours contre la féodalité orléano-financière de Léon Say, Petitjean et consorts !

Les députés Basly, Michelin, Boyer, Planteau et Camélinat refont le voyage. Ils sont reçus à la gare par Carrié, président du comité et désormais correspondant à Decazeville pour *Le Cri du peuple*.

À mesure qu'ils traversent la ville, musique en tête, le cortège grossit. Ils s'arrêtent sous des arcs de verdure, étreignent des hommes et des femmes. Des bouquets de fleurs sont offerts à Basly. Des salves d'applaudissements, des acclamations et des pétards les accompagnent jusqu'à la place Decazes et l'hôtel Viguié décoré de guirlandes et de draperies. Le temps de déposer les bagages et le cortège repart.

La halle toute neuve est magnifique. Un banquet de plus de cinq cents couverts y sera bientôt servi.

Jules Cayrade, cela va de soi, préside. Il est entouré de tout son conseil et d'un représentant de la mairie de Rodez. Le député Camélinat propose que les journalistes Duc-Quercy et Roche soient les présidents d'honneur, et une chanson est aussitôt entonnée, qui glorifie ces vaillants amis, qui sont en train de payer pour leur dévouement à la cause des humbles et des souffrants. Jules Cayrade se dresse ensuite et le silence se fait. Est-ce l'éclairage qui lui donne ce teint de cendre ? Sa parole est néanmoins claire et précise, quoique vibrante.

« Au nom de tous les citoyens de Decazeville, je tiens à remercier les députés présents, ainsi que les absents, Laguerre et Millerand, les publicistes républicains de Paris et de la région et tous ceux qui, ayant été à la bataille, assistent au triomphe de la cause démocratique… »

Les convives ne retiennent pas leur fierté et la halle se remplit soudain de leurs applaudissements.

« Je veux en particulier féliciter le député Basly, venu défendre la cause de l'ordre, et qui, malgré les insultes, a ainsi épargné aux patriotes français et aux amis de la République dans l'Aveyron les amertumes d'une lutte sanglante. Aussi, en souvenir d'un tel service, et pour fêter dignement la fin des hostilités, avons-nous résolu de retarder la célébration du 14 Juillet, afin que cette fête locale se confonde avec la fête nationale, de manière à affirmer les sentiments de solidarité républicaine qui nous unissent tous. Je bois à cette noble et sublime solidarité, qui réunit dans cette enceinte les vrais amis de la justice, de l'émancipation humaine et de la France démocratique. »

Jules Cayrade se rassoit sous les bravos. Ceux qui jusque-là étaient restés dehors envahissent la halle et se mêlent aux convives. La fête est royale ! Brajou, le président de la chambre syndicale, distribue maintenant des médailles commémoratives. Chaque nom est appelé entre deux roulements de tambour. Et il revient alors à Basly de prendre la parole :

« Les ouvriers ont tant souffert… Si nous avons entrepris cette campagne, ce n'est nullement par ambition personnelle ou politique. Nous avons pris part à votre long et pénible combat parce que nous, députés ouvriers, connaissons vos misères, et que nous sommes fidèles à la parole donnée aux travailleurs. Non seulement vos maîtres voulaient vous exploiter, non seulement ils voulaient vous traiter en esclaves, mais encore ils voulaient corrompre votre religion politique, peser sur vos consciences et vous rendre les ennemis de vos propres intérêts en vous rendant les ennemis de la République. »

La halle explose d'applaudissements et quelques minutes s'écoulent avant que Basly ne puisse reprendre :

« Afin que les luttes futures vous trouvent prêts, camarades, syndiquez-vous. Pratiquez la solidarité pendant la paix et vous aurez la force pendant la guerre. Fédérez vos syndicats et forcez les députés à s'occuper des projets de loi qui sauvegardent vos intérêts. Organisez l'armée des revendications sociales, joignez à la force ouvrière organisée vos forces et intelligences. Faites aujourd'hui labeur commun, demain vous ferez moisson commune. Vive la République sociale ! »

Discours et toasts se succèdent. Mille ouvriers ont pénétré dans l'enceinte. À quel moment Jules Cayrade prie de l'excuser et se retire ? Avant le toast d'Albert Goullé, on ne peut plus fidèle à la ligne de son journal ?

« Sans l'exécution de Watrin, la grève n'eût pas réussi. Le peuple aide seulement les courageux et les résolus. C'est là tout le secret des innombrables sympathies qui vous ont donné la victoire. Le 14 Juillet fut un coup de force qui ouvrit l'ère de la liberté. Je bois à l'égalité, dont vous aurez été les précurseurs, et dont le règne ne peut tarder d'arriver. »

Ou après les paroles du député Michelin qui porte un toast en son honneur ?

« Jamais homme ne fut plus indignement attaqué, mais le jour de la revanche est arrivé. J'apporte ici l'expression de la sympathie des travailleurs de Paris qui reflète l'esprit des travailleurs du monde entier. »

Puis c'est au tour de Camélinat et de Boyer, avec une éloquence égale :

« Ce sont les humbles et les déshérités qui ont combattu pour vous. Sachez, vous aussi, combattre pour eux, pour tous, afin de rendre la terre au paysan, l'outil à l'ouvrier, la mine au mineur.

– Le 14 Juillet bourgeois est fait. À nous à présent de faire le 14 Juillet ouvrier. Quand la multitude immense de ceux qui souffrent sera prête, les députés ouvriers seront prêts, eux aussi ! »

À la fin du banquet, Gaffard, architecte de la ville, annonce la bonne nouvelle. Les travaux de construction du nouvel hôtel de ville et de l'école municipale vont commencer. Ils occuperont tous les ouvriers que refuse encore la Compagnie.

Chapitre XLI

IN MEMORIAM

Basly et Camélinat sont à Montpellier, auprès de Duc-Quercy et Roche, quand ils apprennent la nouvelle. Au cours du banquet, Cayrade se sentit fatigué. À un moment, il se retira. Aussitôt arrivé à son domicile, ce fut l'attaque d'apoplexie. Il ne retrouva pas l'usage de la parole. Il tint encore presque deux jours.

Cayrade ne verra pas se concrétiser ses rêves, ses promesses. Sa mort jette Decazeville et toute la région dans une profonde affliction. Dimanche, on célébrait la victoire, et voilà que son principal artisan en paie le prix fort. Car c'est à cause de tout ce qu'il a eu à endurer. C'est à cause des calomnies, de cette presse monarchique qui n'a cessé d'aboyer après lui, et de la Compagnie surtout. Dans *Le Cri du peuple*, Carrié attribue aussi la mort de Cayrade au chagrin que lui ont causé les odieuses insinuations de l'avocat de la Compagnie dans les débats de l'affaire Watrin.

Ils aboieront jusqu'au bord de son cercueil. N'importe ! Decazeville lui prépare de magnifiques obsèques. Des hommages arrivent de partout. Basly et Camélinat reprennent aussitôt le train pour l'Aveyron.

Decazeville cesse de vivre. Deuil général. Bienveillant, ne sachant refuser un service, soignant pour ainsi dire gratuitement tous les malades qui s'adressaient à lui, Cayrade n'a su s'enrichir comme docteur, et il meurt sans fortune. Sur la porte de la mairie, un avis annonce donc que la somme de mille francs a été votée pour les funérailles. La municipalité a distribué aussi du pain aux indigents. La Compagnie, elle, n'a pas pu aller contre la volonté de tout un peuple et a décidé que les forges et hauts fourneaux chômeraient, que les mineurs ne descendraient pas dans les puits. Le registre mortuaire s'est très vite noirci. Les magasins sont tous fermés. La ville transpire une tristesse infinie.

Le cortège, qui s'étire sur plus de deux kilomètres, gravit la partie haute de la ville et se dirige vers l'église. En tête, les enfants des écoles avec des couronnes, la musique municipale jouant des marches funèbres, et le clergé. Le corbillard croule sous les fleurs, et derrière marchent, portant d'autres couronnes et des draps, la famille, les amis proches, des voisins, des médecins. Bien sûr, se trouvent aussi à défiler les députés, le conseil municipal de Decazeville au complet ainsi que celui de Rodez, le préfet Dumesnil, le secrétaire général Héli-Devals, le général Marthe et le corps des officiers, les ingénieurs de la Compagnie, les sociétés de secours mutuel, les comités républicains, les délégations municipales d'Aubin, de Cransac, de Capdenac ou encore de Villefranche, des habitants de toutes les communes environnantes, les représentants de la presse, et près de mille membres de la chambre syndicale des ouvriers mineurs. Huit mille âmes en tout. Un cortège qui fend une foule d'anonymes plus abondante encore.

Basly, Camélinat et Goullé n'entrent pas dans l'église entièrement tendue de noir. Un immense catafalque se dresse, couvert de couronnes. La maîtrise des frères chante le *libera* puis, l'absoute finie, le convoi funèbre prend la route d'Aubin, vers le champ du repos.

Devant le cercueil du maire vénéré, les hommages républicains sont alors rendus. Sans Jules Cayrade, il est certain que Watrin n'aurait pas été la seule victime de la tragique journée du 26 janvier. Avec Basly, il fut le pacificateur de la grève. Il était écouté et compris. Ses sages avis avaient une portée énorme sur la population ouvrière qu'il administrait si bien.

Bos salue le collègue, l'ami, pour les grands services rendus à la cause républicaine, et il ne fait pas de doute que pour lui aussi les émotions éprouvées sont les raisons de sa mort prématurée. Puis le vice-président du conseil général enchaîne :

« Cayrade n'était pas un de ces hommes pour qui la politique est le chemin de la fortune. Non, il a tout sacrifié à ses concitoyens, on peut dire qu'il est mort pour Decazeville. »

À la suite, le docteur Puéchagut, l'homme qui autopsia Watrin, rappelle le médecin des pauvres, ses succès à la faculté de médecine de Paris, et s'égare sans doute en évoquant les paroles de sa mère, qui s'écria sur son lit de mort : *« Ces journalistes sont donc sans entrailles et n'ont pas d'enfants puisqu'ils ont tué mon fils ! »*

Lacombe, maire de Rodez, y revient aussi, dans un dernier hommage :

« Les sentiments de bonne confraternité, un instant affaiblis entre nos municipalités, se sont réveillés plus vifs que jamais aux jours critiques. En accompagnant Jules Cayrade à sa dernière demeure, nous voulons faire acte de solidarité démocratique, de cette solidarité dont on parle tant et qu'on pratique si peu... Cet hommage est rendu plus nécessaire par les outrages, ces calomnies qui poursuivent Cayrade jusqu'au bord de sa tombe avec un implacable acharnement... Aujourd'hui, toute la population en pleurs venge le défunt des injures dont on l'a abreuvé... »

In memoriam

2015

Le portail puis les portes de la salle ont cédé sous le nombre des salariés furieux.

« Ils sont juste là… Ils sont assis juste derrière vous… »

Un syndicaliste pointe du doigt les représentants de la direction. Les deux cadres sont toujours bien habillés, bien qu'ils suent à cause de la chaleur et de l'émotion. Ils savaient que leurs annonces ne seraient pas accueillies dans la joie, mais de là à créer pareil tumulte !

On crie. On se bouscule. Le DRH et son acolyte sont pris au piège.

Maintenant, ils ont vraiment peur. Pourtant, ils n'imaginent pas qu'ils pourraient être *watrinés*. Une chance, la réunion se déroulait au rez-de-chaussée. Cette réunion ne reprendra pas.

Quelques personnes essaient de protéger les deux cadres, mais la colère est irrépressible. Ils finiront tous écrasés contre le mur s'ils ne sortent pas de là.

Un mouvement lent et chaotique s'opère vers la sortie. Mais dehors, ce n'est pas plus sécurisant. Dans le chahut, des mains se tendent, des mains agrippent, et de cette manière des chemises se déchirent. Ou bien, volontairement, ces mains les arrachent, et c'est un moindre mal.

Les caméras continuent de filmer la scène. Les images tressautent. Enfin, les deux cadres sont mis hors d'atteinte. Ils sont parvenus en courant à une clôture qu'ils escaladent. Ils sont très éprouvés. Ils semblent bien seuls. L'un est torse nu, l'autre débraillé, veste et chemise en lambeaux. Ils ne pensaient pas devenir des proies. Ce n'est pas dans la logique managériale.

De l'autre côté, c'est plus calme, beaucoup plus calme. La route serait vide sans un homme qui filme avec son téléphone portable et quelques policiers en station. Les deux cadres reprennent leur souffle, puis s'éloignent à la hâte.

REMERCIEMENTS

C'est par un hasard heureux, sur une brocante à Marcillac-Vallon (Aveyron), que je tombai un jour sur deux volumes de *L'Illustration*, années 1885 et 1886. J'en fis l'acquisition pour la modique somme de 10 euros. Toujours désireux de découvrir quelques traces de mon *Colosse* (Rivages, 2021), je rentrai aussitôt à la maison pour m'en délecter, et dès le grand livre ouvert, comme par hasard encore, je découvris une image qui, comme auteur de romans noirs, ne pouvait que me passionner : une scène de crime, le meurtre de Jules Watrin. D'autres images me fascinèrent dans le même article. Déjà mourant, Watrin avait été jeté par une fenêtre. Pourquoi une telle violence ? Je pensai aussitôt à un autre événement, où deux hommes se faisaient arracher leur chemise…

On a changé de République, d'époque, de mœurs, mais demeurent la même injustice sociale, parfois la même arrogance des puissants à l'égard des faibles, et en conséquence la même indignation, la même colère. L'affaire Jules Watrin a marqué durablement les esprits. Récemment encore, lors d'une grève à Decazeville, un directeur étant séquestré, le préfet appela les syndicalistes et leur demanda : « Êtes-vous près d'une fenêtre ? »

Ainsi donc commença l'histoire de ce livre que vous refermerez bientôt. Je m'inspirai ensuite de nombreux articles parus tant dans la presse régionale que nationale. Le hasard ne fait pas tout et je tiens à remercier ici la BNF dont l'outil GALLICA s'avère toujours précieux, les Archives départementales de l'Aveyron, l'ASPIBD (Association de sauvegarde du patrimoine industriel du bassin de Decazeville), William Guéraiche, mon ami historien, pour ses indispensables critiques et corrections, François Guérif, pour ses lectures attentives et son soutien bienveillant, Agnès et Léopold, pour une certaine balade entre les tombes, et bien sûr Isabelle, à qui ce livre doit tant.

SOURCES (sélection)

Assassinat de M. Watrin, Acte d'accusation, etc., Le Journal de l'Aveyron & Imprimerie Carrère, 1886.
Correspondances, notes et rapports (janvier-juillet 1886) des Houillères & Fonderies de l'Aveyron, Archives de l'ASPIBD.
Germinal, Émile Zola, 1885.

Histoire complète des grèves de Decazeville sous la date lugubre du 26 janvier 1886, par Dominique Laye, Imprimerie Boulissière, Toulouse, 1886.

La Foule en colère : les mineurs et la grève au XIXe siècle, Diana Cooper-Richet, Revue d'Histoire du XIXe, 1998.

La France au XIXe siècle, Jean Garrigues et Philippe Lacombrade, Armand Colin, 2007.

La France du XIXe siècle, Francis Démier, Le Seuil, 2000.

L'Aveyron républicain, janvier-juillet 1886.

La France libre, La Justice, Le Cri du peuple, Le Gaulois, Le Matin, Le Temps, Le XIXe Siècle, L'Illustration, L'Intransigeant, janvier-juillet 1886.

*
* *

Les condamnés de Decazeville ont vu finalement leur peine allégée. Par grâce présidentielle, Blanc et Caussanel furent libérés le 17 juillet 1889, Bedel le 25 juillet de la même année. Lescure bénéficia, lui, d'une réduction de peine de deux ans et retrouva la liberté en juillet 1891.

Parmi les hommes illustres… Émile Basly fut député jusqu'à sa mort en 1928, et maire de Lens, où il fut très aimé pendant vingt-huit ans. Vieillissant, il mit de l'eau dans son vin, devenant plutôt réformiste, clairement antimarxiste ; s'opposant à Jules Guesde. Alexandre Millerand, qui n'avait pas trente ans au moment de l'affaire Watrin, devint lui, entre autres : ministre de la Guerre, ministre des Affaires étrangères, président du Conseil puis président de la République française. On le vit rendre visite à des poilus dans une tranchée, en 1916. Il mourut à Versailles en 1943. Mais c'est une autre histoire.

Pascal Dessaint, 2022

Du même auteur
(suite)

Chez d'autres éditeurs

De quoi tenir dix jours, L'Incertain
Les Pis rennais, Le Poulpe, Baleine
Ça y est j'ai craqué, La Loupiote
Les Voies perdues, avec Philippe Matsas, Après la lune
Quelques pas de solitude, La Contre-allée et Librairie Ombres Blanches
La trace du héron, Le Petit Écart
En attendant Bukowski, La Déviation
Vers la beauté, toujours !, La Salamandre
Jusqu'ici tout va mal, La Déviation
Vaucelles 1917, Page à Page
Et bientôt l'obscurité, avec Guillaume Zuili, Contrejour
L'ours des tavernes, Cairn
Le malheur prend son temps, La Déviation
Une femme sauvage, La Salamandre
Oiseaux et autres instants, Le Petit Écart

Le site de l'auteur : www.pascaldessaint.fr

44400 Rezé

Imprimé par CPI Black Print (Barcelone)
en février 2025

Imprimé en Espagne

25 Jahre
Diogenes Taschenbuch

*Das literarische
Taschenbuch*